Anonymous

Kaiser Wilhelm II. und der Reichskanzler

Ein Beitrag zur Zeitgeschichte

Anonymous

Kaiser Wilhelm II. und der Reichskanzler
Ein Beitrag zur Zeitgeschichte

ISBN/EAN: 9783743662469

Hergestellt in Europa, USA, Kanada, Australien, Japan

Cover: Foto ©ninafisch / pixelio.de

Weitere Bücher finden Sie auf **www.hansebooks.com**

Kaiser Wilhelm II.

und

der Reichskanzler.

Ein Beitrag zur Zeitgeschichte.

BERLIN W.
Hugo Steinitz, Verlag.
1889.

Bei dem Festmahl, welches die städtischen Behörden Berlins am 22. März 1881 im grossen Festsaal des Rathhauses vereinigte, prangte dieser Saal zum ersten Male in dem Schmuck des von Anton von Werner gemalten kolossalen Bildes, welches den Berliner Kongress des Jahres 1878 zur Beilegung der orientalischen Wirren darstellt.

Wir Alle wissen uns noch wohl zu erinnern, mit welch' lebhafter Genugthuung in Deutschland die Nachricht aufgenommen wurde, dass dieser Kongress, von dessen Beschlüssen der Frieden Europas abhing, in Berlin tagen sollte. Wir Alle sahen darin die endliche Anerkennung nicht sowohl der Machtstellung Deutschlands in Europa, als vielmehr die Anerkennung der friedlichen Bedeutung, welche ein geeintes Deutschland in den europäischen Gegensätzen und Konflikten einzunehmen bestimmt ist. Für die Stadt Berlin hatte dieser Kongress noch die besondere Bedeutung, dass sich während vieler Wochen die Blicke Europas hierher richteten. Den leitenden Staatsmännern aller Grossmächte folgte eine imposante Begleitung politischer und literarischer Kapazitäten: die Verhandlungen in Berlin waren eine Weile der Kernpunkt alles politischen Lebens und zugleich erfuhr die ausserdeutsche Welt mehr und Besseres von der deutschen Hauptstadt, als sie seit den Zeiten Friedrichs des Grossen zu hören gewohnt war. Berlin beschloss, das Andenken an den Kongress durch ein Gemälde von monumentalem Charakter festzuhalten, und so statt eines einmaligen Besuches der Grosswürdenträger in seinem Rathhause die ganze stattliche Versammlung für alle Zeiten dem dortigen Schatze patriotischer Erinnerungen des Stadthauses einzuverleiben. Mit dieser Aufgabe' wurde bekanntlich A. von Werner betraut.

In dem Kongressbilde erscheint vor allen anderen Figuren hervorragend, das ganze Bild durch die Macht seiner Persönlichkeit beherrschend, im Vordergrunde Fürst Bismarck, dem General Schuwalow die Hand reichend. Zur linken Seite des Bildes bemerkt man Fürst Gortschakoff, sich mit Disraeli unterhaltend. Lord Salisbury, Graf Launay, Graf Karolyi, Minister Waddington. Die Hauptgruppe zur Rechten bilden Kara Theodori Pascha, Mehemed Ali Sadullah Bey, Lord Odo Russel. Hinter der Sitzungstafel unterschreibt der Botschafter Oubril den Vertrag, zu ihm wendet sich der Gesandte Radowitz, zur Seite stehen Fürst Hohenlohe, Graf Corti, Graf St. Vallier u. s. w.

Im Vordergrund zur Seite des Fürsten Bismarck hat Staatsminister von Bülow seinen Platz, zur anderen Seite Lothar Bucher und die Gruppe der Sekretäre des Kongresses, v. Holstein, Busch, Graf Herbert Bismarck.

Der Zufall hat es gewollt, dass gleich das erste diplomatische Auftreten des Grafen Herbert Bismarck eine Verewigung durch das Bild erfahren hat, das, die Hauptträger des Kongresses darzustellen bestimmt, ein historisches Dokument geworden ist für die Geschichte unserer Tage und in welchem zugleich künftige Träger der Geschichte für immer eine Stelle gefunden haben. Graf Herbert Bismarck, 1874 Gesandtschafts-Attaché in München, hatte 1876 zugleich mit Prinz Arenberg das diplomatische Examen gemacht. Wir finden ihn in demselben Jahre in Bern, später in Dresden. Auf dem Berliner Kongress 1878 fungirte er nicht blos als Sekretär. Er übernahm für seinen Vater auch diplomatische Aufträge. Als es sich z. B. damals um die Okkupation von Bosnien und der Herzegowina handelte, schickte noch in der Nacht, welche dem für die Verhandlung der bosnischen Angelegenheit bestimmten Sitzungstage voranging. Fürst Bismarck — es war bereits spät nach Mitternacht — seinen Sohn Herbert zum Grafen Andrassy mit der Bitte, derselbe möge sich's doch noch einmal überlegen, ob es nicht besser wäre, die Forderung

Oesterreich-Ungarns bezüglich Bosniens und der Herzegowina fallen zu lassen. Welche Antwort Graf Andrassy auf diese Zumuthung ertheilte, das lässt sich aus dem Berichte über die am nächsten Tage abgehaltene Sitzung des Kongresses beiläufig errathen. In dieser Weise wurde Graf Herbert Bismarck frühzeitig als Unterhändler verwandt und für seine künftige Laufbahn vorbereitet. Es konnte nicht ausbleiben, dass die politische Welt bald ihn auf Schritt und Tritt beobachtete, in der gewiss nicht unrichtigen Ueberzeugung, dass seine Bewegungen einen hochdiplomatischen Charakter trugen.

Im Januar 1881 trat Graf Herbert Bismarck, bis dahin in Dresden als Legationsrath, in die politische Abtheilung des Auswärtigen Amtes ein. Im Monat Dezember desselben Jahres sprachen Pariser Zeitungen viel von einer geheimen Sendung des Grafen Herbert nach London. Von deutscher Seite wurde dem entgegengesetzt: „Der Gedanke, dass die deutsche Regierung gleichzeitig mit ihrem Botschafter, in dessen Begleitung Graf Herbert Bismarck in England angekommen ist, einen Sekretär mit einer geheimen Instruktion an einen englischen Minister schicken sollte, hat etwas so Verkehrtes, dass nur ganz unerfahrene Leute auf Grund von Romanlektüre oder eigener Invention auf dergleichen kommen können. Wenn die Regierung sich mit einem so wunderlichen und in ihre Politik so wenig hineinpassenden Plane überhaupt trage und es dann unmöglich finde, ihren eigenen Vertrauensmann — ihren Botschafter in England — damit zu beauftragen, so würde ja doch in geordneten Verhältnissen ein solcher Botschafter weder gehalten werden, noch bleiben können. — Auch das Anstandsgefühl kann in den Kreisen der Erfinder dieser Sensationsgeschichte nicht sehr lebhaft sein, wenn sie annehmen, dass ein junger Mann von gutem Hause neben seinem ihm und seiner Familie befreundeten Botschafter mit einer geheimen Instruktion in der Tasche, von der der Botschafter nichts wissen darf, nach London reisen und darüber verhandeln werde." Eine ähnliche, wenn auch weniger energische Verleugnung eines geheimen Zweckes oder einer ausserordentlichen Bedeutung erfuhr auch das plötzliche Auftauchen des Grafen Herbert Bismarck in Wien in der Mitte des Monats Dezember 1882, wiewohl man später wiederholt denselben neben den ordentlichen Botschaftern mit besonderer Sendung und mit direkten Aufträgen an die fremde Regierung betraut gesehen hat.

In den letzten Monaten des letztgenannten Jahres gab es einen lebhaften Pressfeldzug zwischen Berlin und Wien über das deutsch-österreichische Bündniss von 1879, über die Beziehungen der drei Kaisermächte, über die Reisen des Herrn von Giers nach

Berlin, Rom, Wien. Die „Grenzboten" brachten die Meldung, dass die Abmachungen von 1879 ein regelmässiges Vertragsdokument darstellten. In Pest beeiferte man sich, ausführlichst auseinanderzusetzen, dass es sich lediglich um zwar feierlich bestätigte, aber nicht destoweniger formlose allgemeine Absprachen gehandelt habe. Von deutscher Seite antwortete man mit der Enthüllung, dass der Vertrag nur fünf Jahre laufe und Pester Korrespondenten brächten wiederum heraus, dass auch während dieser Zeit der Vertrag zu wenig mehr verpflichte, als was etwa ein Reich dem andern freiwillig gewähren wolle. Abgesehen von diesem formellen Sachbestand konstatirte die deutsche inspirirte Presse, dass der Slawismus in Oesterreich dem Bündniss mit Deutschland eine zuverlässige Stütze nicht biete, eine Regierung, wie die österreichische, welche thatsächlich von Polen und Tschechen geleitet und durch slawophile Gunst gehalten wird, erschien damit in einem eigenthümlichen Lichte. Zugleich wurde die in Oesterreich nach Geltung ringende Tendenz angeklagt, mit Russland auf der Balkanhalbinsel eine neue Periode der Eroberungspolitik einzuleiten und eine letzte türkische Theilung vornehmen zu wollen. Ob eine solche Tendenz wirklich die Herrschaft zu erlangen im Stande gewesen wäre, lassen wir dahingestellt. Jedenfalls wäre der Anschein einer solchen erweckt worden.

wenn eine Annäherung zwischen Wien und Petersburg sich vollzogen hätte, wie sie Herr von Giers damals angestrebt haben soll, als er seine Reiseroute über Wien beginnen wollte.

Dass zu jener Zeit eine grosse europäische Schiebung sich vollzog, war sofort bemerkbar. Worin sie bestand, trat nur in den äussersten Umrissen hervor. Es handelte sich um den Eintritt Italiens in den mitteleuropäischen Bund. Oesterreich war vor die Wahl gestellt, sich mit Russland zu einer Theilung der Türkei zu verbinden, oder eine konservative Politik auf der Balkanhalbinsel zu verfolgen. In dem Augenblick, wo man sich in Wien entschloss, mit Italien sich über die Orientpolitik zu verständigen, war der Plan einer türkischen Theilung, ist er jemals thatsächlich geträumt worden, aufgegeben.

Dass Deutschland ebenfalls die Wahl seiner Allianzen hatte, wurde durch das Erscheinen des Herrn von Giers in Berlin und die plötzlich eintretende deutschfreundliche Wendung der maassgebenden russischen Presse wahrscheinlich. Es ist heute schwerer denn je daran zu glauben, dass die Mission des Grafen Herbert Bismarck nach Wien mitten in einer kritischen Periode nicht ein besonderes Ereigniss in der diplomatischen Kampagne markirt hätte. Den Verlauf der damaligen Krisis erkannte man aus dem Ergebniss, das uns Deutschland fester wie früher mit Oesterreich und im neuen Bunde mit Italien zeigte. Noch vor Jahresschluss wurde mit einem Schlage die bis dahin so lebhafte und bis zu Kriegsgerüchten sich versteigende offiziöse Presskampagne auf der ganzen Linie eingestellt, die ernsthaften Verhandlungen waren damals offenbar in Fluss gekommen.

Das Jahr 1883, in welchem Graf Herbert Bismarck als erster Botschaftssekretär nach London ging, behielt in seinem Schoosse den Keim von Verwickelungen der östlichen Mächte Europas bei. An der deutschen Ostgrenze gaben die russischen Truppenanhäufungen zu weitgehenden Befürchtungen fortwährend Anlass. Aber die Komplikationen entwirrten sich noch vor Ablauf des Jahres. Man athmete leichter auf, als es bekannt wurde, dass Kaiser Wilhelm I., als er am 28. November das Präsidium des Abgeordnetenhauses empfing, seine Freude über die „überraschend günstigen" Beziehungen zu Russland ausgedrückt hatte. Diese Beziehungen mochten wohl in Folge des im Anfange des Jahres erfolgten Hinzutrittes Italiens zum deutsch-österreichischen Bündnisse von 1879 ihre Trübung erfahren haben. Kurz vor jener Aeusserung des deutschen Kaisers war Herr von Giers in Friedrichsruh gewesen. Von da nach Wien gekommen, liess er sich mit einem Interviewer in ein Gespräch ein, in dem er jene

Trübung leugnete, im Uebrigen aber das Bestehen des besten Einvernehmens mit den westlichen Nachbarn bestätigte.

Ehe er nach Petersburg zurückgekehrt war (Februar 1884) hatte sich dort ein unerwarteter Gast eingestellt. Graf Herbert Bismarck war am 16. Januar in der russischen Hauptstadt aufgetaucht. Sofort kursirten verschiedene Lesarten über den Zweck seiner Sendung. Man fasste diese dahin auf, dass Graf Herbert Bismarck, in einem eminenten Sinne der Vertrauensmann seines Vaters, der von seiner politischen Einsicht besonders viel hält, sich über russische Dinge so direkt wie möglich orientiren sollte. Die Versetzung des Grafen Rhedern und dessen temporäre Ersetzung durch Baron Plessen, der wieder nach Wien zurückging, boten eine gute Gelegenheit: Graf Herbert Bismarck wurde mit der Ausfüllung des Interimistikums beauftragt. Ein halbes Jahr lang oder weniger sollte er in Petersburg verbleiben und Gelegenheit suchen, Eindrücke in sich aufzunehmen. Von der Art derselben, soweit sie politischer Natur waren, durfte manches in der Gestaltung der Gestaltung der deutschen Beziehungen zu Russland abhängig sein. Und da die Regelung derselben zu den bedeutendsten Aufgaben des Reichskanzlers gehört, so durfte man in einem gewissen Sinne wohl sagen, dass die „Sendung" des Grafen Herbert von

politischer Tragweite war. Sie hatte jedenfalls auch
insofern eine solche Tragweite, als das Interesse des
Reichskanzlers, die Beziehungen zu Russland zu
pflegen, aus dieser Sendung unzweideutig hervorging
und der russische Hof dieselbe in diesem Sinne auf-
zufassen schien. Dem letzteren entsprach auch die
überaus warme Aufnahme, die Graf Bismarck in
Petersburg zu Theil wurde. Er trat zum Hofe in
enge Beziehung. Kaiser Alexander zeichnete ihn
bemerkbar aus.

Die Zeichen, dass die Wasser der russischen
Feindschaft wider Deutschland sich gründlich ver-
laufen hatten, mehrten sich in jener Zeit Tag für
Tag. Am siebzigjährigen Gedenktage der Schlacht
von Bar-sur-Aube, wo Kaiser Wilhelm als jugend-
licher Prinz unter den Augen seines Vaters zum
ersten Male dem feindlichen Feuer sich aussetzte,
empfing der Kaiser eine russische Deputation unter
Führung des Grossfürsten Michael Nikolajewitsch,
welche ihm die Glückwünsche des Kaisers Alexander III.
zu der vor siebzig Jahren erfolgten Verleihung des
St. Georgsordens überbrachte. Im Saale des königlichen Palais zu Berlin fand ein politisch-militärisches
Fest statt, wie es in den Zeiten unzweifelhafter In-
timität zwischen den Höfen von Berlin und Petersburg kein Gegenstück hatte. Und diese Feierlichkeit
bildete nur ein einziges Glied in der Kette von Vor-

gängen, die sich seit der Reise des Herrn von Giers nach Friedrichsruhe geradezu drängten. Die Uebertragung des Berliner Botschafterpostens an den Fürsten Orloff, die Mission des Fürsten Dolgoruki in Berlin und Friedrichsruhe waren diesem militärischen Feste vorausgegangen: der Trinkspruch des Generalgouverneurs von Polen, General Gurko, auf die preussische Armee war um so charakteristischer für die Situation, als dieser tapfere Truppenführer zum Erben Skobeleffs gestempelt werden sollte. Diese Freundschaftserweisungen, in solcher Fülle gegeben, mit so viel Entgegenkommen akzeptirt, waren unverwerfliche, unbezweifelbare Zeichen für eine gründlich veränderte Stellung zwischen Deutschland und Russland. Dass im April die Seehandlung und Bleichröder eine russische Anleihe auf den Markt brachten, konnte den Umschwung in den Beziehungen beider Staaten nur bestätigen. Dazu kam eine Reise des Prinzen Wilhelm von Preussen zur Feier der Grossjährigkeit des russischen Thronfolgers, der wieder ein Besuch der Zarin in Berlin folgte. In Petersburg war es, wo Graf Herbert Bismarck dem Prinzen und späteren Kaiser Wilhelm II. zuerst näher trat. Sie kehrten gleichzeitig nach Berlin zurück (Ende Mai.)

Graf Herbert Bismark begleitete nebst seinem Bruder Wilhelm seinen Vater im Monat September zu der Dreikaiserzusammenkunft in Skierniewieze.

wo der schon in Varzin, Wien und Petersburg geschlossene Bund besiegelt wurde. Wie Kaiser Wilhelm I. hatten auch Franz Joseph und Alexander III. ihre leitenden Minister mitgebracht. Graf Kalnoky und Herrn v. Giers. Fürst Bismark erschien in der ungewohnten dunkelgrünen Generalsuniform vom 26. russischen Regiment mit dem Andreasorden, seine beiden Söhne in Gardedragoner-Uniform. Beim Festmahl am 15. September zeichnete Kaiser Alexander den deutschen Reichskanzler dadurch aus, dass er sich mit einer Bewegung an ihn wandte und sein Glas auf dessen Gesundheit leerte. Die Kaiser und ihre Minister hatten besondere Zusammenkünfte. Von den Ergebnissen und ihren Berathungen drang so wenig etwas in die Oeffentlichkeit wie von der Art, in welcher der am 15. Oktober ablaufende deutschösterreichische Vertrag verlängert oder verändert wurde. Nur aus den parlamentarischen Vorgängen in Oesterreich konnte man einige Fingerzeige entnehmen. In der ungarischen Thronrede vom 29. September wurde die Zusammenkunft in Skierniewicze überhaupt nicht erwähnt, wohl aber auf die innigen Beziehungen zu Deutschland Bezug genommen; die Antwortsadresse des Unterhauses sprach die Befriedigung des Landes darüber aus, dass jenes „Bündniss zu zweien weder nach seinem äusseren Umfang noch nach seiner inneren Natur eine Aenderung erfahren habe:" und Tisza bemerkte dazu, dass ein Friedensbündniss wie das in Rede stehende an Werth gewinne wenn es. wie ja der Fall sei, Anziehungskraft auf andere Mächte übe und besonders wenn ein Land wie Russland erkläre: ich will mit euch gehen. Gegen Ende Oktober rühmte der Kaiser selbst bei Eröffnung des Landtages den Delegationen die herzlichen Beziehungen zu dem russischen Kaiserhause und die erfreuliche Uebereinstimmung aller drei Monarchen. Augenscheinlich war also zwar das engere Verhältniss zwischen Oesterreich und Deutschland erneuert. aber dasselbe hatte vorläufig wenigstens seine Spitze gegen Russland verloren.

Nachdem Graf Herbert Bismarck zuerst in Wien in der grossen Krise, die das deutsch-österreichische Bündniss zu bestehen hatte, dann in Petersburg in der Wiederherstellung intimer Beziehungen zwischen den drei Kaisermächten eine Rolle zu spielen gehabt hatte, trat nunmehr seine diplomatische Thätigkeit vorzugsweise in den Friktionen mit England auf dem kolonialpolitischen Gebiete in den Vordergrund. Er wurde nach seiner Rückkehr aus Russland zum Gesandten im Haag ernannt, dann der deutschen Botschaft in London beigegeben und wurde in dieser Stellung wie nachher von Berlin vielfach zu Verhandlungen mit dem englischen Ministerium verwandt. Von besonderer Wichtigkeit wurde die Reise, die

Graf H. Bismarck als ausserordentlicher Bevollmächtigter am 3. März 1885 am Tage nach der grossen Rede des Reichskanzlers gegen das englische Ministerium, nach London übernahm, wo er bereits am 4. eine Unterredung mit Lord Granville hatte. Der Minister Lord Roseberry (welcher im Februar als Geheimsiegelbewahrer ins Ministerium eingetreten war) kam am 22. Mai in Berlin an und hatte mehrere Unterredungen mit dem Fürsten Bismarck. Im Juni kam eine Vereinbarung zwischen Deutschland und England über eine Abgrenzung der beiderseitigen Kolonialgebiete an der Küste des Golfs von Guinea, wozu namentlich Kamerun und dessen das Gebiet des oberen Benue bis Ibi umfassende Hinterland gehören, und in Neu-Guinea zu Stande. Auch der Besuch des Prinzen von Wales, der am 19. März mit seinem ältesten Sohne nach Berlin kam, galt in diplomatischen Kreisen als ein Zeichen der nunmehr zwischen Deutschland und England wiederhergestellten freundschaftlichen Beziehungen.

Es war damals ein offenes Geheimniss, dass man in unserem auswärtigen Amte der nicht genug energischen Haltung unseres Botschafters am Hofe der Königin von England, des Grafen Münster die Schuld zuschrieb an dem langsamen Fortgang schwebender Fragen. Graf Münster wäre, so sagte man, einestheils durch seine zweite Ehe mit einer durch Geist ausgezeichneten englischen Dame, dann durch seinen langjährigen ununterbrochenen Aufenthalt in England und vielleicht auch durch seine hannoversche Vergangenheit mit England sichtlich derart verwachsen, dass es nicht zu verwundern sei, wenn hier und dort sich eine gewisse Kollision zwischen unmittelbar empfangenen Eindrücken und erhaltenen Instruktionen ergäbe. Er habe, um eine geläufige Bezeichnung anzuwenden, im Verlaufe der Jahre „zuviel von einem Engländer bekommen". Eine solche Acclimatisirung hätte in Tagen ruhigen und regelmässigen diplomatischen Verkehrs schliesslich nicht viel zu bedeuten, sie würde indess zu einer Art Gefahr, wenn die Geschäfte entschiedenste Stellungnahme verlangten. Und dieses Erforderniss sei vom Grafen Münster nicht im ganzen Maasse erfüllt worden. Etliche der wichtigsten auf die Kolonialfrage bezüglichen Verhandlungen zwischen Deutschland und England hätten erst durch den Eintritt des Grafen Herbert von Bismarck in dieselben den richtigen Zug bekommen. Inzwischen hatte der Unterstaatssekretär im Auswärtigen Amte, Dr. Busch, dem Sohne des Reichskanzlers Platz gemacht. Das Staatssekretariat des Aeusseren blieb seit dem Abgange des Grafen Hatzfeldt eine Zeitlang unbesetzt. Im Mai 1886 wurde dasselbe dem Grafen Herbert Bismarck übertragen, worauf derselbe im September desselben Jahres auch Stellvertreter des Vaters als Ministers des Auswärtigen wurde. Die oppositionelle Presse machte darauf aufmerksam, dass der Graf, welcher jetzt erst im 37. Lebensjahre stehe, innerhalb eines nur zwölfjährigen Zeitraumes im Staatsdienste alle Rangklassen bis zur Ministerstellung durchgemacht und seit Jahren alljährlich eine Beförderung erfahren habe, bei einem neuen Avancement könne er nur noch in die Stellung seines Herrn Vaters selbst einrücken. Dabei sei der Posten des Staatssekretärs des Auswärtigen durch die neuerdings erfolgte Gewährung bedeutender Repräsentationsgelder so reich dotirt, (50 000 Mark) dass Graf Herbert Bismarck nun fast ebensoviel wie sein Vater, der Kanzler (54 000 Mark) und erheblich mehr als ein preussischer Minister (36 000 Mark) beziehe. Weiterhin liess sich dieselbe Presse dann in Bemerkungen über die Frage der Befähigung des neuen Staatssekretärs aus, dessen Verdienste in parlamentarischen Kreisen nur durch eine gelegentliche Aeusserung des Kanzlers zum Abgeordneten Gneist bekannt geworden seien. Fürst Bismarck habe nämlich auf einer Matinee erklärt, dass er an seinem Sohne Herbert viel Freude erlebe, da derselbe gute Fortschritte mache, was ja wohl meist der Vorbereitung zu danken sei, welche Herr Professor Gneist dem jungen Diplomaten für das Bestehen des Examens habe zu Theil werden lassen. Man sprach von Protektionswesen und Nepotismus.

„Man ist bei uns an so jugendliche Minister nicht gewöhnt," wurde damals in der Presse erwidert. „Trotzdem darf man nicht gar so sehr erstaunt sein über jene Ernennung, denn sie betrifft ein Gebiet, welches eine gesonderte Behandlung immer verlangt hat. Zum diplomatischen Dienst muss man erzogen sein, man muss in seinen Traditionen aufwachsen. Die Routine ist hier unentbehrlicher als irgend sonst. Zu dieser Routine gehört eine ausgedehnte und intime Personenkenntniss in derjenigen europäischen Gesellschaft, welche die Botschafter und die auswärtigen Minister zu stellen pflegt.

Diese Personenkenntniss lässt sich zu einem Theile übertragen, nicht durch allgemeine Lehren, sondern durch pragmatische Mittheilungen, welche desto sicherer haften, je gelegentlicher sie kommen. Das Genie kann in der Diplomatie entbehrt werden, die Routine niemals. Ein Diplomat kann, ohne eine Spur Genie zu besitzen, seinen Platz vortrefflich ausfüllen und sogar die respektabelsten Erfolge erringen. Ein Diplomat ohne Routine dagegen würde selbst bei dem grössten Genie schon bei den ersten Schritten unrettbar stolpern. Die dritte französische Republik hat diese Erfahrung gemacht. Sie kam aus einer Verlegenheit in die andere, als sie den Ehrgeiz bethätigen wollte, sich an den europäischen Höfen durch Republikaner vertreten zu lassen.

Den republikanischen Gesandten fehlte die Basis der verzweigten Familienverbindungen, es fehlte ihnen die Personenkenntniss und die Routine. Da die französische Republik nicht gleich dem transoceanischen grossen Freistaat darauf verzichten wollte, in dem diplomatischen Spiel mitzuthun, so musste sie sich wohl oder übel entschliessen, ihre Vertretung Jahre hindurch in die Hände von Männern zu legen, welche Royalisten oder Orleanisten, oder Imperialisten, kurz alles Mögliche, nur keine Republikaner waren.

Graf Herbert Bismarck nun besitzt unfraglich jene Personenkenntniss und Routine. Seitdem er erwachsen ist, war er fast unausgesetzt in der nächsten Umgebung seines Vaters und mit einer Thätigkeit betraut, welche ihm die erwähnte Qualifikation eines Diplomaten nothwendig verschaffen musste. Dass gerade er zu einer solchen Thätigkeit ausersehen wurde, erklärt sich zur Genüge aus der Scheu des Fürsten Bismarck, anderen Personen, als die sein unbedingtes Vertrauen genossen, Einblick in die Staatsgeheimnisse zu gewähren.

In seine Reichskanzlei hat Fürst Bismarck mit begreiflicher Vorliebe ihm verwandte Personen genommen, nach einander die beiden Söhne und den Schwiegersohn — und Graf Herbert hatte ganz besonders günstige Gelegenheit, die mannigfaltigen Beziehungen kennen zu lernen, mit denen man vertraut sein muss, wenn man sich auf dem diplomatischen Parquet mit Sicherheit bewegen will. Fürst Bismarck liebt es nicht, wenn die Beamten seines auswärtigen Ressorts andere Ziele für richtiger halten, als die, welche er erstrebt. Da ist alsdann nur natürlich, dass Fürst Bismarck grossen Werth darauf legt, im Staatssekretariat des Auswärtigen einen Vertreter an seiner Seite zu sehen, der von frühester Jugend an gewöhnt ist, nur des Reichskanzlers Gedanken zu haben und diesen Gedanken neben dem dienstlichen Respekt des Untergebenen auch noch die kindliche Pietät entgegenzubringen. Besitzt Fürst Bismarck, wie ja allgemein angenommen wird, das Genie der Diplomatie, so hat sein Sohn in der Schule des Vaters jedenfalls die Routine gewonnen.

Graf Herbert Bismarck ist also ganz und gar an den rechten Platz gekommen und an der Seite seines Vaters wird er ihn jedenfalls gut ausfüllen. Thatsächlich hat sich in der Stellung des Grafen Herbert Bismarck nur Aeusserliches verändert: sein Titel und seine Bezüge sind stattlicher geworden. In Wirklichkeit bleibt er nach wie vor der mit den Gewohnheiten und Absichten seines Vaters vertraute Mitarbeiter an dessen Politik."

Kaiser Friedrich ernannte den Grafen Bismarck zum Staatsminister und Mitglied des Staatsministeriums. Dem Kaiser Wilhelm II. war, wie wir gesehen haben, schon in seiner Prinzenzeit der Sohn des Reichskanzlers näher getreten. Beide sind sich mehr als einmal auf diplomatischen Missionen begegnet. So 1884 in Petersburg, 1886 in Gastein. Abgesehen davon war der Verkehr beider ein sehr lebhafter. Im Winter 1886—87 arbeitete Prinz Wilhelm im Auswärtigen Amt. Wie man erzählt, war daselbst Graf Herbert der eigentliche Lehrer des Prinzen. Daraus entwickelte sich ein sehr enges Verhältniss zwischen Beiden, das von Näherstehenden als das einer intimen Freundschaft bezeichnet wurde. Der Lehrer nahm sich seines Schülers in einer so empressirten und vermuthlich auch geschickten Weise an, dass der Letztere sowohl ein grosses Wohlwollen, wie auch eine ausgezeichnete Hochschätzung für die Eigenschaften des jüngeren Bismarck an den Tag legte. Von Potsdam aus versäumte der Prinz bei seinen häufigen, fast täglichen Besuchen in Berlin es selten, in der Wilhelmstrasse vorzufahren. Im Auswärtigen Amte selber glaubte man schon damals, das zwischen dem Prinzen Wilhelm und dem Grafen Bismarck bestehende Verhältniss als bedeutungsvoll für die Zukunft des deutschen Reiches ansehen zu müssen.

Man sprach von dem Interesse, welches der Prinz dem Gedanken zuwendete, das Reichkanzleramt einst vom Vater auf den Sohn übergehen zu sehen. Er sah in diesem den natürlichen Erben des Fürsten Bismarck, da kein deutscher Staatsmann so voll und ganz in alle Geschäfte des Reichskanzlers eingeweiht, keiner über die letzten Absichten derselben so unterrichtet sein könne, also auch keiner die Geschäfte so im Sinne des Reichskanzlers zu führen vermöge, als eben Graf H. Bismarck.

Gewiss hat Fürst Bismarck, indem er seinen ältesten Sohn in die diplomatische Laufbahn zog, ihn nicht von vornherein zum Nachfolger designirt, und überlässt auch heute noch diese Frage der Entscheidung Anderer. Er fühlte zunächst nur das Bedürfniss, sich einen Gehülfen an die Seite zu setzen, mit dem er zwanglos und in rückhaltlosem persönlichen Vertrauen verkehren konnte. Die Opposition hat aber auch der Angelegenheit der Nachfolge Bismarcks sich bemächtigt. Es werden dem Reichskanzler Herrschergelüste zugeschrieben, deren Unersättlichkeit und Eifersucht sich auch noch die Nachfolge in der Familie sichern wolle. Dem Auslande ist damit eine willkommene Handhabe ausgeliefert worden, um solche Artikel hervorzubringen, wie den in der Contemporary Review, der den Titel „The Bismarck Dynasty" trug. In neuester Zeit ist wieder ein Giftpfeil gegen den Reichskanzler abgeschossen in der Form eines Artikels in einer — griechischen Zeitung, der aber Auffassungen echt deutschen Ursprunges wiedergiebt. Der Inhalt dieses Artikels ist zur Genüge gekennzeichnet, wenn wir andeuten, dass er an das von der „Germania" ausgegebene Schlagwert: „Es gelingt nichts mehr!" anknüpft, diese Behauptung durch die deutschen diplomatischen Aktionen der neuesten Zeit bewahrheitet findet und die Erklärung für alles angeblich Missglückte in der „Theilnahme des Grafen Herbert Bismarck an der auswärtigen Politik" zu suchen unternimmt. So wären die „Friktionen", da „der Reichskanzler seinen Sohn gern zu seinem Nachfolger machen möchte und fürchte, der Kaiser könnte den zukünftigen Kanzler aus einem anderen Kreise entnehmen", ihrem wahren Grunde nach zu erklären. So „gelange man aber auch zu dem Schluss, dass die Parole: Bismarck wird alt! umzuändern sei in die Worte: Die Dynastie Bismarck wird unmöglich."

Läge der Zweck dieser Ausführungen auf sachlichem Gebiete, so würde vor Allem die Stichhaltigkeit der Behauptung, dass unsere Diplomatie neuerdings eine Reihe von Niederlagen erlitten habe, zu untersuchen sein. „Wir möchten", bemerkte die Cons. Corr., „einer Leistung, die ihrem Zweck nach lediglich auf die Erzielung einer hetzerischen Wirkung angelegt ist, aber nicht die Ehre einer solchen Behandlung erweisen, noch lohnt es an sich, die alten Ladenhüter der Erinnerung an den Geffken-Prozess, die Veröffentlichung des Immediatberichtes des Kanzlers und die Morier-Affaire noch einmal vorzunehmen. Wir erwähnen lediglich als besonders charakteristisch, dass auch das Vorgehen gegen die Schweiz, bei welchem die deutsche Diplomatie ebenfalls „keineswegs Lorbeern ernte", auf der Liste der Misserfolge figurirt und hier der Zusatz gewagt wird, es scheine, dass die leitenden militärischen Kreise Deutschlands „es nicht als der Würde des mächtigsten europäischen Militärstaates entsprechend erachten, durch Kriegsandrohungen auf die kleine Schweiz einen Zwang auszuüben."

Wir wollen hier von den angedeuteten Friktionen sprechen. Fürst Bismarck hat oft selber von „Friktionen" gesprochen, und zwar seit dem Beginne seiner Regierung. Zu denselben gehört namentlich der alte Streit zwischen Schwert und Feder, zwischen der Militärpartei — wenn mit einem solchen Ausdrucke bei uns nicht zu viel gesagt ist — und der Diplomatie. Dieser Streit zieht sich wie ein rother Faden durch die gesammte äussere Politik unseres leitenden Staatsmannes von ihren ersten Anfängen an und dauert bis in unsere Tage hinein, selbst bis in die Zeit hinein, wo der Kaiser abwesend war und auf den Lofoten weilte.

Ist auch auf den Lofoten Politik getrieben worden? Wenn von daher Telegramme gekommen sind, die in die heimathliche Pressfehde eingriffen, wenn in Deutschland Artikel geschrieben wurden, in denen alle Welt eine nach dem Norden gerichtete Mahnung erblickte, dann muss wohl die Politik selbst angesichts der romantischsten Naturwunder eine Rolle gespielt haben. Ein so ernsthaftes und besonnenes Blatt, wie die „Schlesische Zeitung", schrieb während der Reise: „Der alte Bismarck, vor anderthalb Jahren noch der allmächtige „Hausmeier" Wilhelms I., sitzt fern in Hinterpommern schmollend in seiner Einsiedelei und schleudert in seinem Unmuth mittelst der offiziösen Presse Donnerkeile gegen den aufstrebenden, seinen Zirkel kreuzenden Rivalen. Ueber diesem Rivalen aber strahlt vor aller Welt die Sonne der kaiserlichen Gnade, auf eine ganze Reihe von Wochen hinaus steht er im unmittelbarsten Verkehr mit der allerhöchsten Person, gehört ihm, ihm allein das Ohr des Monarchen. Welche weltgeschichtlichen Folgen wird dies haben!"

Das war wohl ironisch gemeint. Aber das Blatt sagte doch auch: „Wo Rauch ist, da ist Feuer", und sprach von dem Gegensatz zwischen den genannten Faktoren als einem naturgemässen und fortbestehenden, den zu begleichen Sache des Kaisers sei.

Der Clausewitz-Artikel der „Nordd. Allg. Ztg."

musste nothwendig den Eindruck hervorrufen, den er allgemein hervorgerufen hat, und der Curtius-Sprung, den das Blatt hinterher machte, indem es die Autorschaft auf die eigene Kappe nahm, konnte Niemand täuschen.

Erst kurz zuvor hatte dasselbe Blatt, nachdem es mit einem in die Welt geschleuderten Artikel einen gewissen Effekt erreicht hatte, sich von demselben losgesagt, um schwachen Gemüthern es zu überlassen, sich in der angerichteten Verwirrung zurechtzufinden. Es handelte sich um dieselbe Angelegenheit, nur unter einem anderen Gssichtspunkte angesehen.

Im Monat Februar 1889 machten gewisse Zeitungsartikel aus Berlin grosses Aufsehen, die sich auf die Nachfolge des Fürsten Bismarck bezogen. Den ersten Ton zu diesen seltsamen Erörterungen gab ein Artikel der „Hamburger Nachrichten", welcher die Ueberschrift trug: „Die Nationalliberalen und der Reichskanzler" und den man, da auch die „Norddeutsche Allgemeine Zeitung" ihn wörtlich in ihren Spalten aufnahm, als streng offiziös auffasste. Der Artikel tadelte die Nationalliberalen heftig, weil sie in der Debatte über die Angelegenheit Geffken „Gewehr bei Fuss" gestanden, anstatt dem Reichskanzler beizuspringen. Wenn die Nationalliberalen den Kanzler wirklich einmal nicht begreifen sollten, so hätten sie noch kein Recht, ihm ihr Vertrauen zu entziehen. Sie möchten sich also als gewarnt ansehen und nicht einer verfrühten Ungeduld, die sich im Hinblick auf den „alternden" Kanzler rege, Einfluss auf ihre Stimmung gestatten. Es hiess darüber in dem Artikel wörtlich:

„Die Erwägungen, welche in den Kreisen der nationalliberalen Partei sowohl, wie in deren Presse dazu geführt haben, dass es dort für richtig erachtet wird, der Action des Kanzlers mit „Gewehr bei Fuss" ruhig zuzusehen, sollen nach vielfach verbreiteten Angaben darin gipfeln, dass, weil man die wahren Gründe des Kanzlers für sein letztes Vorgehen nicht kenne, es nöthig sei, ihn seine Sache allein ausfechten zu lassen, um der Gefahr zu entgehen, später etwaige Nackenschläge für blindlings gewährte Unterstützung zu erhalten. Letztere Besorgniss gründet sich wohl nicht so sehr auf die Möglichkeit einer empfindlichen Reaktion der Wähler, als vielmehr auf den Wunsch, das zukünftige Prestige der Partei nicht zu gefährden. Man sagt sich, der Kanzler könne dem Vaterlande doch einmal recht schnell entrissen werden; in diesem Falle aber stände eine Partei, die sich ganz mit ihm identifizirt habe, vis-à-vis de rien. Was dann geschehen werde, wisse man nicht: schwerlich dürfte es zu einer unveränderten Fortsetzung der Politik Bismarcks kommen, wenn auch sicher anzunehmen sei, dass Graf

H. Bismarck Staatssecretär des Auswärtigen bleibe, so sei doch kein Zweifel, dass er nicht der leitende Staatsmann in dem Sinne sein werde, wie dies sein grosser Vater jetzt sei, vielmehr stehe anzunehmen, dass irgend ein anderer Programmmann, heisse er Graf Waldersee oder sonst wie, als Nachfolger des Fürsten Bismark in Betracht komme." Eine solche Vermuthung aber, dass nach einem plötzlichen Scheiden des Fürsten Bismarck aus seinem hohen Amte, die von ihm mit seiner mächtigen Persönlichkeit gestützte Politik in sich selbst zusammen brechen könne, beruhe, fuhr der Verfasser des Sensationsartikels fort, auf einer so geringschätzigen Meinung von dem Lebenswerke des Fürsten Bismarck, dass man im Ernst nicht glauben könne und dürfe, dieselbe sei in nationalliberalen Kreisen wirklich verbreitet. Was auch an rein persönlichen Momenten nach dem Hinscheiden des grossen Staatsmannes in Wegfall gerathen möge — dass seine Politik als solche unter Kaiser Wilhelm II. eine durchgreifende Aenderung erfahren werde, glaube kein einziger aller berufenen Urtheiler. Charakteristisch für die Auffassung, welche die nach einem plötzlichen Hinscheiden des Kanzlers eintretende Situation in massgebenden Kreisen finde, sei der wohlverbürgte, mit Rücksicht auf eine solche Eventualität gethane Ausspruch, dass die nächste, nach einem solchen Wandel vorzunehmende Wahl erst recht auf den Namen Bismarck erfolgen würde: dass der todte Kanzler eine noch grössere Herrschaft über das deutsche Volk ausüben werde, als der lebendige es ja gethan habe. „Der Kaiser aber? Nun, von welcher Gesinnung dieser gegen den Staatsmann erfüllt ist, dem sein Haus wie sein Land soviel verdankt, ist notorisch, ebenso bekannt ist, welche Interpretation das Wort des Reichskanzlers: Der Kaiser werde dereinst sein eigner Kanzler sein, nachträglich durch die Thatsachen erfahren hat: Der Kaiser konferirt und arbeitet alltäglich, oft mehrmals mit dem Kanzler; er lässt sich von ihm die eingehendsten Vorträge über alle politischen und sonstigen Aufgaben, Beziehungen usw. des Reiches und Preussens halten, so dass Niemand besser als er in der Lage ist, die Absichten des grossen Staatsmannes zu verstehen und ihnen die Ausführung auch für den Fall zu sichern, dass der Kanzler — was Gott verhüten möge! — von uns schiede, bevor er seine Mission ganz vollendet hätte."

„Aber man kennt die letzten Gründe des Kanzlers ja oft nicht? Gewiss, der Kanzler ist in erster Linie Diplomat und betreibt alles mit diplomatischen Mitteln, dies hat schon oft zu Missverständnissen geführt. Aber was berechtigt das deutsche Volk dazu, dem Fürsten Bismarck das Vertrauen zu versagen, wenn es ihn wirklich einmal nicht sogleich begreifen sollte? Hat der Kanzler nicht das vollste Anrecht darauf erworben, dass man in dubio sich für ihn entscheide, dass man glaube, er erstrebe in allen Dingen nur das Beste? Und giebt es nicht Angelegenheiten, die es dem Fürsten ihrem Wesen und ihrem Zwecke nach unmöglihh machen, der Volksvertretung vollen Einblick in sie zu gewähren? Wer z. B. sagt dem deutschen Volke, dass es die letzten Zwecke des Vorgehens wegen Veröffentlichung des Tagebuches wirklich kennt, dass nicht zu den ausdrücklich angegebenen Bestimmungsgründen noch andere kommen, z. B. der, an einem eklatanten Falle im einzelnen zu konstatiren, zu welchen unliebsamen, staatsgefährlichen Konsequenzen allzu grosses Vertrauen zu gewissen Persönlichkeiten in der nächsten Umgebung eines Herrschers oder Thronerben führen kann? Wir unsererseits glauben, dass das Vorgehen des Kanzlers in jener Sache sehr wesentlich mit zur nachdrücklichen Einprägung des Grundsatzes: „Trau, schau, wem?" erfolgte und auch dieserhalb vom Kaiser gebilligt wurde."

Würde nach alledem eine Reserviertheit der nationalliberalen Partei gegenüber dem Kanzler der inneren Berechtigung entbehren, so wäre andererseits nicht daran zu zweifeln, dass ihre Bekundung der Partei sowohl bei den Wahlen schaden, als ihre erfolgreiche Betheiligung an der praktischen Politik des Reiches erschweren würde. Unsere Zeit sei reich an

Erfahrung dafür, dass derjenige, der allzu vorsichtig, resp. selbstsüchtig, ängstlich zu vermeiden strebe, sich irgend einem Risiko auszusetzen, allerdings vor der Gefahr bewahrt bleibe, momentan in Nachtheil zu gerathen, dass er andererseits aber auch sicher davor sei, Erfolge zu erringen, und zu denen gezählt zu werden, die Grosses mit grossem Blick zu erfassen, resp. verrichten zu helfen berufen waren. Zuletzt gehe die Weltgeschichte über ihre Köpfe hinweg, und sie haben das Nachsehen.

„Wir hoffen und glauben nicht, dass dies Schicksal die Nationalliberalen treffen werde; aber wir halten es an der Zeit, sie vor einer Stellungnahme zu warnen, die sie jenem Schicksal überantworten würde. Andererseits unterliegt es für uns keinem Zweifel, dass wenn die nationalliberale Partei versteht, die richtige Haltung für die nächste Zukunft zu finden, und namentlich nicht verfrühter Ungeduld, oder verletzter Eitelkeit einzelner Persönlichkeiten Einfluss auf ihre Stimmung gestattet, ihr die Früchte ihrer zweifellosen grossen Verdienste um Kaiser und Reich von selbst in den Schoss fallen werden."

Zum ersten Male wurde in der Kartellpresse unter den Männern, welche als Nachfolger des Fürsten Bismarck in Betracht kommen können, der Name des Grafen Waldersee genannt, des Chefs des Generalstabes. Bisher war bei solchen Erörterungen nur die

Rede von Personen, wie Graf Herbert Bismarck, von Puttkamer, von Bennigsen. Der Artikel der „Hamburger Nachrichten", welcher dem nationalliberalen Blatte aus Berlin „von besonderer Seite" zugegangen war, beschäftigte sich dagegen mit der Möglichkeit, dass statt des Grafen Herbert Bismarck „irgend ein anderer Programmmann, heisse er Graf Waldersee oder sonst wie, als Nachfolger des Fürsten Bismarck in Betracht kommen könne."

Graf Waldersee wurde also hier als „Programmmann" bezeichnet. Unter „Programmmann" war im Sinne dieses Artikels ein künftiger Reichskanzler zu verstehen, der nicht die Politik Bismarcks fortzusetzen gewillt ist, sondern ein eigenes, selbständiges Programm vertritt. Der „Programmmann" Waldersee wurde also hier in einen Gegensatz zur Politik des Fürsten Bismarck gebracht.

Es fehlte nicht an Stimmen, namentlich in der nationalliberalen Presse, welche ausdrücklich hervorhoben, dass in diesem Hinweis auf den Grafen Waldersee eigentlich der Kernpunkt des Artikels zu finden sei, der so grosses Aufsehen machte, zumal nachdem ihn die „Nordd. Allg. Zeitung" abgedruckt hatte. Alle übrigen Ausführungen in dem Artikel sollten nach jener Auffassung nur Beiwerk sein, um die Beleuchtung zu vervollständigen, in der Graf

Waldersee als künftiger Reichskanzler öffentlich zur Diskussion gestellt wurde.

Allerdings mochten an den Grafen Waldersee als künftigen Reichskanzler bisher nur wenige gedacht haben. Politisch war der General nur hervorgetreten, als in seinem Hause im November 1887 jene Konferenz abgehalten wurde im Interesse der Unterstützung der Stöcker'schen Stadtmission. Diese Konferenz wurde damals in der offiziösen Presse sehr heftig unter dem Stichwort „Stöckerei und Muckerei" angegriffen. Der General gilt als ein ebenso kirchlich gesinnter als konservativer Herr. Seine Frau, eine geborene Lee aus New-York, war in erster Ehe mit dem Fürsten Noer, dem Grossoheim der jetzigen Kaiserin vermählt. Es verlautete im Monat Januar dass in Bezug auf eine neue Artillerie-Vorlage Meinungsverschiedenheiten zwischen dem Grafen Waldersee und dem Kriegminister hervorgetreten seien. Graf Waldersee war damals auch in Friedrichsruh bei dem Reichskanzler gewesen. Nach den Zeitungen konferirt er öfter, als der Kanzler, mit dem Kaiser. Dass aber hierbei andere, als militärischtechnische Fragen zur Sprache gekommen, hatte man bisher nicht angenommen.

„Für uns liegt auch kein Anzeichen vor", so äusserte sich E. Richter in seinem Organ. „dass Graf Waldersee bei dem Kaiser eine Stellung einnimmt ähnlich wie Freiherr v. Roggenbach oder Herr v. Stosch beim Kaiser Friedrich III. Um so sonderbarer ist es, wenn die „Hamburger Nachrichten" jetzt den ihnen von Berlin übersandten Artikel dahin auslegen, als ob der Schwerpunkt desselben in der Erklärung liege, das Vorgehen des Reichskanzlers in Sachen Geffkens habe den Zweck gehabt, die gefährlichen Konsequenzen eines allzugrossen Vertrauens zu gewissen Persönlichkeiten in der nächsten Umgebung eines Herrschers oder Thronerben ausdrücklich einzuprägen. Darnach wäre also gewissermaassen der Artikel der „Hamburger Nachrichten" als eine Warnung für den Grafen Waldersee und Alle, die ihm zugethan sind, auszulegen. Dem treten nun aber wiederum die „Hamburger Nachrichten" in einem neueren Artikel entgegen, indem sie ausführen, dass nichts nöthige, jenen Satz über staatsgefährliche Konsequenzen eines zu grossen Vertrauens zu gewissen Persönlichkeiten der nächsten Umgebung eines Herrschers auf den Berliner Hof zu beziehen. Es gebe bekanntlich auch ausserhalb Berlins und des Reiches Herrscher und Thronfolger, welche aus der Veröffentlichung in Sachen Geffkens hinsichtlich des Vertrauens zu ihrer Umgebung Lehren zu ziehen vermögen, die dem Deutschen Reiche nur nützlich wirken könnten. Durch diese Auslegung aber wird die Sache nur noch dunkler. Die Veröffentlichung der Anklageschrift gegen Geffken würde darnach jedenfalls aus Gründen erfolgt sein, welche weder mit Herrn Geffken und dessen Korrespondenten, noch überhaupt mit Verhältnissen an deutschen Höfen etwas zu thun haben. Die Veröffentlichung wäre demnach nur erfolgt als nützliche Lehre für auswärtige Herrscher und Thronfolger. Wenn sich das wirklich so verhielte, so würde es erst recht unverständlich sein, warum die Nationalliberalen in demselben Artikel gewarnt werden, „dass irgend ein anderer ‚Programmmann', heisse er Graf Waldersee oder sonst wie, als Nachfolger des Fürsten Bismarck in Betracht kommen könne." Bei einer falschen Stellungnahme, so heisst es in dem Artikel, geht die Weltgeschichte über die Köpfe der Nationalliberalen weg und sie haben das Nachsehen. Andererseits aber wird der nationalliberalen Partei in Aussicht gestellt, dass, „wenn sie verstehe, eine richtige Haltung für die nächste Zukunft zu finden und namentlich nicht verfrühter Ungeduld und verletzter Eitelkeit einzelner Persönlichkeiten Einfluss auf ihre Stimmung verstatte, ihr die Früchte der zweifellosen grossen Verdienste um Kaiser und Reich in den Schooss fallen werden." Soll dies nun etwa heissen, dass wenn sich Herr v. Bennigsen bei Lebzeiten des Kanzlers mit der Stellung eines Oberpräsidenten genüge, er nach dem Hinscheiden desselben auf die Nachfolge in der

Kanzlerwürde rechnen dürfe? Dieser Auslegung steht aber wieder gegenüber, dass der Artikel an anderer Stelle es als zweifellos hinstellt, dass Graf Bismarck sicher die Leitung des Auswärtigen haben wird. Wer aber das Auswärtige im Deutschen Reiche leitet, hat auch die entscheidenden Bestimmungen in Bezug auf die Marine und das Kriegsheer. Was bliebe dann noch für die Kanzlerstelle übrig? In der gegenwärtigen Organisation lässt sich die Kanzlerwürde vom Auswärtigen gar nicht trennen. Dazu kommt die in dem Artikel angezogene Aeusserung, dass der Kaiser künftig sein eigener Kanzler sein werde. Thatsächlich ist dies freilich ganz und gar unmöglich, denn bei den Anforderungen, welche schon die äussere Repräsentation sowie das Militärwesen an den Monarchen stellen, wird eine so intensiv persönliche Leitung, wie sie Fürst Bismarck ausübt, für jeden Monarchen ohne Unterschied undenkbar, ganz abgesehen von allen entgegenstehenden konstitutionellen Fragen. Offenbar soll jene Aeusserung auch nur besagen, dass bei einem stärkeren persönlichen Hervortreten des Kaiserthums in der Zukunft es nicht nöthig sein werde, an den Kanzler künftig so hohe Anforderungen zu stellen, als bisher. Es soll also von vornherein entschuldigt werden, wenn für die Zukunft eine geringere Kraft als Fürst Bismarck für die Kanzlerwürde in Aussicht genommen worden ist. Mit einem Wort: der Artikel empfiehlt den Sohn des Fürsten Bismarck auch in der Nachfolge für die Kanzlerwürde. Für Herrn v. Bennigsen würde dabei höchstens unter dem Grafen Bismarck eine Stellung übrig bleiben, wie sie gegenwärtig Herr v. Bötticher unter dem Fürsten Bismarck einnimmt. Auch darin würde ja noch immer für einen Oberpräsidenten eine Beförderung liegen, ob aber eine solche Kombination politisch durchführbar ist und Aussicht auf Bestand hat. möchten wir doch stark bezweifeln."

In der nationalliberalen Presse wurden die Beziehungen des Grafen Waldersee zum Kaiser als sehr enge bezeichnet. In Rücksicht auf diese waren wiederholt Gerüchte im Umlauf, welche von einer gewissen Gegnerschaft zwischen dem Chef des Generalstabes und dem Reichskanzler wissen wollten. Diese Gerüchte erhielten durch die eigenthümliche Warnung an die nationalliberale Partei neue Nahrung. ja, eine Art von Begründung. Wenn es sich blos darum handelte, die nationalliberale Partei vor dem Irrthum zu behüten. als könne nach dem Fürsten Bismarck irgend ein anderer Programmmann kommen, so war jetzt keine Nöthigung vorhanden, den Namen eines der obersten militärischen Würdenträger in die Diskussion zu verflechten. Selbst wenn es wahr wäre, was die Hamburger Warnung vorauszusetzen schien, dass in den Kreisen der nationalliberalen Partei Graf Waldersee als der aufgehende Stern angesehen werde, wofür jedoch keine Anhaltspunkte vorlagen, so konnte der Zweck erreicht werden, ohne überhaupt einen Namen zu nennen. In einem ganz besonders merkwürdigen Lichte aber erschien die Hervorhebung dieses Namens durch den Umstand, dass der Aufsehen erregende Artikel unter anderem auch darauf aufmerksam machte, dass der Kanzler für sein Vorgehen in dem Prozesse Geffken auch Gründe gehabt haben könne, die er in seinem Berichte an den Kaiser über die Veröffentlichung der Anklage nicht geltend gemacht habe; etwa den, an einem besonders hervorstechenden Falle zu zeigen, zu welchen unliebsamen staatsgefährlichen Konsequenzen allzugrosses Vertrauen zu gewissen Persönlichkeiten in der nächsten Umgebung eines Herrschers oder Thronerben führen könne.

„Die Tragweite dieser Fingerzeige zu ermessen, oder auch nur ihre Zielpunkte genau zu erkennen, wurde damals gesagt, ist unmöglich. Soviel aber lassen sie errathen, dass die Frage, wer dereinst bestimmt sein werde, das Werk des Fürsten Bismarck weiterzuführen, bevor sie von der deutschen Presse erörtert wurde, den Reichskanzler selbst beschäftigt hat, und dass er bezüglich derselben keineswegs aller Besorgnisse ledig ist. In jedem Falle wird man von nun ab mit dem Namen des Grafen Waldersee nicht blos die Vorstellung eines hochgestellten Generals, des Lenkers der deutschen Heere in einem zukünftigen Kriege, sondern auch diejenige einer politischen Persönlichkeit von hoher Bedeutung verknüpfen müssen. Die Macht des Fürsten Bismarck ist so gross und reicht so weit, dass es durchaus nicht zu den unmöglichen Dingen gehört, dass die Frage seiner Nachfolgeschaft wenigstens für eine gewisse Zeit nach seinem Ableben, noch von ihm selbst im Einverständnisse mit dem Kaiser gelöst werde, der ihm so verschwenderische Beweise seiner Zuneigung und seines unbegrenzten Vertrauens schon gegeben hat. Aber wenn diese Lösung durch den Kanzler und bei dessen Lebzeiten nicht erfolgen sollte, dann wird man nicht umhin können, den Grafen Waldersee unter diejenigen Persönlichkeiten zu zählen, welche, wenn künftig die Frage der Nachfolgeschaft auftaucht, wenigstens in Betracht gezogen werden müssen und dieser Umstand ist vielleicht schon für die gegenwärtige Politik in Deutschland nicht ganz ohne Bedeutung." In Abgeordnetenkreisen wurde ganz offen davon gesprochen, dass der Artikel des Hamburger Blattes ein Signalruf von jemand sei, der sich in Schwierigkeiten befinde, und der Alle, die es angeht, darauf aufmerksam machen wolle, dass sie wachsam zu sein hätten. Fürst Bismarck habe stets den guten

Grundsatz beherzigt, dass es nothwendig sei. schon den Anfängen zu widerstehen. Wo ein mehr sanguinisch beanlagter Politiker vielleicht noch gar kein Unheil sich herausgestalten sähe, nähme der Reichskanzler eine ganze künftige Entwicklungskette in seine Betrachtungen und Entschliessungen vorweg und handle so, als ob das schon eingetreten wäre, was er bekämpfen muss. In diesem Falle befinde er sich auch offenbar jetzt. Es mache auf den unbefangenen Beobachter nicht den Eindruck, als ob der Schwerpunkt des offiziösen Warnungsartikels in jenen Stellen liege, die sich mit den Nationalliberalen beschäftigen. Fürst Bismarck habe wieder einmal auf die Möglichkeit hinweisen wollen, dass der Kreuzzeitungsflügel an Macht und Einfluss gewinnen und sich schliesslich beim jungen Kaiser durchsetzen könnte. Man könne fragen, ob gerade die unmittelbare Gegenwart Veranlassung dazu geboten habe, derartige Befürchtungen zu hegen. Nachdem soeben erst der Vorstoss der Deklaranten von der Mehrheit der konservativen Partei abgeschlagen worden sei und nachdem persönliche Aeusserungen des Kaisers gegen das Treiben der Kreuzzeitung bekannt geworden, sollte man meinen, es könne gar kein Zweifel darüber sein, dass der Kaiser bewusst und überzeugt auf dem Boden einer Politik stehe, die mit irgend einer der extremen Richtungen nichts gemein haben will.

Aber seltsam bleibe es immerhin, dass die Bemühungen, den wahren Standpunkt des Monarchen zu fassen, in der officiösen Publizistik immer häufiger und immer dringender würden. Das war bisher nicht Stil in Preussen - Deutschland. Angefangen von der Douglas-Rede, bis zu den merkwürdigen Ausführungen in den „Hamburger Nachrichten" habe es eine ganze Reihe von anonymen und nicht anonymen Darlegungen gegeben, die sich alle mit der Frage befassten: Wohin zielt die Politik des Kaisers? Oder vielmehr wohin wird sie zielen, wenn Fürst Bismarck vom Schauplatz abgetreten sein wird? Bestände nicht im Charakter und in den individuellen politischen Neigungen des Kaisers die Möglichkeit einer nach rechts hinstrebenden Richtung, so würden Erörterungen dieser Art kaum angestellt werden.

„Das gerade ist das Bezeichnende, sagte man, dass trotz aller Versicherungen von offiziöser Seite die Partei, welche durch die Kreuzzeitung repräsentirt wird, an eine Zukunft für sich und ihre Sache glaubt. Der Artikel der „Hamburger Nachrichten" lüftet den Schleier von den Plänen und Wühlereien dieser Gruppe, indem er einen Namen in die Diskussion schleudert, der bis dahin nur in engeren Kreisen in einen möglichen Zusammenhang mit dem einstmaligen Ausscheiden des Reichskanzlers gebracht worden war. Indem Graf Waldersee als „Programmmann" der Hochkonservativen genannt wird, bekommt jene Agitation auch in den Augen der Massen gleichsam Fleisch und Blut, immer macht ja doch erst ein Mann, eine Persönlichkeit, die Politik lebendig und bringt sie dem Verständniss des grossen Publikums näher. Nicht von heute auf morgen wird sich ein Wechsel vollziehen, wofern er überhaupt je eintritt. Darauf auch kommt es in diesem Augenblick nicht an, sondern das aktuelle Interesse, welches der Nothruf des Hamburger Blattes gewährt, tritt zurück hinter die Darlegung eines Verhältnisses, welches etwas Typisches und Bleibendes an sich hat, und welches darum die politische Welt sobald nicht zur Ruhe kommen lassen wird. Auf eine kurze Formel gebracht, muss der Artikel so verstanden werden: Fürst Bismarck fasst die Möglichkeit einer Bedrohung seines Lebenswerkes in's Auge und er verlangt die unbedingte Unterstützung aller Parteien und Richtungen, die sich auf seinen Namen und seine Politik vereinigt haben, weil er nur so den Rückhalt für den Kampf gegen die Machinationen seiner heimlichen und offenen Gegner finden kann. Es wird sich zeigen, ob diese Gegner jetzt vom Kampf zurücktreten. Wahrscheinlich ist es nicht. Warum sollten sie auch? Mit jedem Tage, den der 74jährige Kanzler seinem Leben zulegt, wächst für die hochkonservative Partei die Aussicht, freie Hand zu bekommen. Es wird ja dafür gesorgt werden, dass die Partei niemals zu einem wirklichen und dauernden Siege gelangt. Sie bildet einen verschwindenden Bruchtheil des Volkes, eine politische, gesellschaftliche und wirthschaftliche Interessengruppe, die in dem Augenblicke, wo sie die Herrschaft antreten zu können glauben wird, von einer ungeheueren Fluthwelle des nationalen Widerstandes hinweggeschwemmt werden wird. Also mit Sorgen braucht Niemand in die Zukunft zu sehen."

„Das X., welches den Nachfolger des Reichskanzlers bedeutet" rief die „Köln. Ztg." aus, „macht gewissen Leuten fortgesetzt Kopfschmerzen. Das neue Märchen, dass Graf Waldersee, der Chef des Generalstabes der Armee, den Fürsten Bismarck zu ersetzen beabsichtige, findet zwar bei keinem vernünftigen Manne Glauben. Graf Waldersee ist viel zu sehr Militär vom Scheitel bis zur Sohle und hält sich dabei in auffälliger Weise von allen rein politischen Fragen fern. Seine freundschaftlichen Beziehungen zum Fürsten Bismarck sind allgemein bekannt; noch in diesen Tagen war er über eine Stunde bei ihm, und so werden die Blätter, die schon mit aller Gewalt dem Reichskanzler eine Grube graben wollen, sich einen anderen Mann suchen müssen, der die Auflösung ihres X. vorstellt." Dazu wurde aus dem Kreuzzeitungslager bemerkt: „An dieser Auslassung des rheinischen Blattes interessirt uns nur die Mittheilung, dass General Graf v. Waldersee dem Reichskanzler Fürsten v. Bismarck in diesen Tagen einen längeren Besuch gemacht hat. Wenn in diesem Umstande auch nichts Ungewöhnliches liegt, wie ja Hamburger Blätter am Ende vorigen Jahres bereits einen Besuch des Grafen in Friedrichsruh melden konnten, so möchte die erneuerte Thatsache doch vielleicht dazu dienen, endlich einmal die ebenso müssigen als gehaltlosen Kombinationen eines Theiles unserer Presse über die Nachfolge des Fürsten Reichskanzlers abzuschneiden. Wann immer diese Frage zur Beantwortung gestellt werden mag — lediglich der Wille und die Weisheit Seiner Majestät werden, und zwar ohne die Hilfe der Presse, darüber entscheiden, welchem Manne die so wichtige Stellung im Reiche anvertraut werden soll."

Die „Nordd. Allg. Ztg." hatte auch in diesem Falle den zuerst ohne Bemerkung abgedruckten Artikel der „Hamburger Nachrichten" wieder zurückgenommen, nachdem sie ihre Absicht erreicht, d. h. eine Warnung an diejenigen, die es angeht, gerichtet hatte. Man messe, sagte sie, den Expektorationen des Hamburger Blattes einen offiziösen Ursprung bei und führe ihn auf den Reichskanzler, beziehungsweise Personen in dessen nächster Umgebung zurück. „Dieses Proton Pseudos möchten wir als solches konstatiren. Schon der Stil und die Redaktion des

Artikels hätten berechtigten Zweifel nach dieser Richtung hin erregen müssen. Die vielseitige Unklarheit der Tendenz des Artikels, welche denselben schwer verständlich macht, hätte unseres Erachtens als Beweis genügen sollen, dass der geistige Urheber jedenfalls nicht in der Wilhelmsstrasse gesucht werden darf."

Aber warum hatte das Blatt den Artikel reproduziert? Und ohne eine Bemerkung? Dem Clausewitz-Artikel, den die Zeitung während der Nordlandfahrt brachte, auf der Graf Waldersee den Kaiser begleitete, wurde in allen Parteilagern eine aktuelle Bedeutung beigelegt. Die „Voss'sche" bemerkte: Der Satz von Clausewitz sei ohne Zweifel richtig. Aber zu welchem Zwecke werde dieser heute wiederholt und eingeschärft? Der Artikel der „Nordd. Allg. Ztg." richte sich gegen die Ansicht, dass „der Krieg als etwas Alleinstehendes, nur seinen eigenen technischen, militärischen Grenzen Folgendes zu betrachten sei, welches keinerlei Beziehungen zur allgemeinen Politik habe." Weshalb bekämpfe man heute diese Ansicht? Wer habe sie vertreten? In der Presse Niemand. Aber die offiziösen Blätter hätten sie dem Grafen Waldersee untergelegt. Der Artikel des Kanzlerblattes werde daher allgemein als ein Vorstoss gegen den Chef des Generalstabes ausgelegt, als eine über die Grenzen der Heimath hinaus, also vermuthlich nach Norwegen gerichtete Warnung vor jeder Einmischung des Grafen Waldersee in die politischen Verhandlungen, welche den Kaiser beschäftigen könnten.

Ein Punkt in dieser Auffassung der „Voss'schen" war, was wir hier vorweg bemerken wollen, unrichtig. In der Presse ist die von Clausewitz bekämpfte und von der „Nordd. Allg. Ztg." in Erinnerung gebrachte Ansicht allerdings Jahre lang vertreten gewesen. Zu ihr, d. h. zu der von Clausewitz bekämpften Ansicht bekennen sich alle diejenigen, die den Krieg lediglich vom militärischen Gesichtspunkte ansehen und dazu nur darum drängen, weil man besser als der Gegner gerüstet zu sein glaubt, diesem also zuvorkommen will. Sie findet sich seit Jahren in einer gewissen Presse bei uns sehr häufig vertreten. Sie wurde z. B. nach der Rede Bismarcks vom 3. Februar 1888 in der „Post" ausgesprochen, indem sie bemerkte: „Der Hieb sei die beste Parade". Dasselbe Blatt, überrascht von des Reichskanzlers Widerspruch gegen jene Theorie, fügte hinzu: „Das erinnert uns lebhaft, wie die Politik das mannigfaltigste der Geschäfte ist, dasjenige Geschäft, von dem wie von keinem anderen gilt das Wort: „practica est multiplex." Eben darum muss man alle generalisirenden Sätze in den Reden des Reichskanzlers für Akkomodationen an den Augenblick halten. Darum liebt er auch nicht, bei anderen Gelegenheiten an frühere Aussprüche erinnert zu werden."

Das Gegentheil ist der Fall. In keinem Punkte trifft das „practica est multiplex" weniger bei Fürst Bismarck zu, als in seiner Stellung zu dem lediglich militärischen Gesichtspunkte. In dieser Beziehung sind alle seine Aussprüche konsequent und er kann mit ruhigem Gewissen sich an jeden derselben erinnern lassen. Er schreckt gewiss vor keinem nothwendigen Kriege zurück, aber er kann nicht den blos nützlichen gut heissen.

Genau denselben lateinischen Ausspruch der „Post" gebrauchte erst in diesen Tagen die Kreuzzeitung, indem sie von der Clausewitz'schen Theorie sprach und dieselbe zwar im Allgemeinen als richtig anerkannte, aber mit der Einschränkung: practica est multiplex. „Wollte man die bekannten Clausewitz'schen Grundsätze", sagte sie, „auf einen konkreten Fall der Gegenwart, oder gar auf die Zukunft anwenden, so würde es nöthig sein, zuvor sich über gewisse Voraussetzungen zu verständigen und bestimmte Kriterien festzustellen für die nothwendige Beschaffenheit einer solchen allein maassgebenden Politik, ohne welche die praktische Anwendung von theoretischen Axiomen zu sehr bedenklichen Konsequenzen führen könnte."

Dasselbe Blatt hat ferner in diesen Tagen

gesagt: „Wenn nun trotz aller friedliebenden Bemühungen seiner Politik Deutschland durch die maasslosen Rüstungen und Herausforderungen seiner Nachbarn doch zum Kriege gezwungen wird, dann ist ja durch die eigene offiziöse deutsche Presse der unseren Gegnern selbstverständlich sehr erwünschte Beweis im Voraus geführt, dass das Drängen einflussreicher Kreise Deutschlands den Krieg unvermeidlich gemacht hat."

Also schon die Rüstungen und Heeresforderungen seiner Nachbarn sollen Deutschland zum Losschlagen bewegen! Das ist eben die Lehre, welche den Krieg als etwas Alleinstehendes nur seinen eignen technischmilitärischen Gesetzen Folgendes betrachtet, jene Theorie, die Clausewitz bekämpfte, und deren Wiederaufleben die Welt in eine unendliche Reihe von Kriegen stürzen, ein Zeitalter der Barbarei herbeiführen würde. Wenn aber auch die Kreuzzeitung nicht ausdrücklich sich zu der von Clausewitz bekämpften Auffassung vom Kriege bekennte, so würde schon ihr fortwährendes Drängen zum Kriege, worauf ihr konsequentes Bemängeln der deutschen Friedenspolitik doch hinausläuft, sie als die Gegnerin des Generals von Clausewitz verrathen. Die „Voss'sche" irrt also indem sie sagt, in der Presse bekämpfe Niemand die Lehrsätze, an welche die „Nordd. Allg. Ztg." jetzt wieder erinnert hat.

Im nationalliberalen Lager wurde der Artikel der Nordd. Allg. Ztg. ebenfalls als aktuell aufgefasst. Die „Hamburger Nachrichten" schrieben, dass dieser Artikel eine Kundgebung der den Reichskanzler beschäftigenden Gedanken sei, könne mit Rücksicht auf die Stelle, wo er steht, und auf den Stil desselben Niemand bezweifeln. Wenn aber in dieser Weise der Satz erörtert werde, dass „der Krieg sowohl seiner Ursache und Entstehung nach, als auch während seines ganzen Verlaufes und bei seiner Beendigung im innigsten Zusammenhang mit der allgemeinen Politik eines Landes stehe und dieser angepasst werden müsse, wie das Mittel dem Zweck" — so sei mit Sicherheit anzunehmen, dass diese Auseinandersetzung nothwendig war; denn anders würde sie mit Rücksicht auf das, was bisher in dieser Hinsicht in der Presse erörtert sei, und mit Rücksicht auf das Aufsehen, das eine solche Ausführung in der „Nordd. Allg. Ztg." erregen würde, unterblieben sein. „War eine solche Auseinandersetzung, fuhr dasselbe Blatt fort, aber nothwendig, und musste der Artikel in dem anerkannten Organ des Reichskanzlers erscheinen, so ist damit konstatirt, dass es einflussreiche Bestrebungen giebt, welche die Frage von Krieg und Frieden, losgelöst von der allgemeinen Erwägung der internationalen Verhältnisse, zur Entscheidung bringen möchten. Diese Kreise, welche, um wieder mit den Worten der

„Nordd. Allg. Ztg." zu sprechen, den Krieg als etwas Alleinstehendes, nur seinen eignen technisch-militärischen Gesetzen Folgendes betrachten, lassen sich augenscheinlich zur Zeit von der Vergleichung der Kriegsbereitschaft des Dreibundes einerseits, und Frankreichs und Russlands andererseits, resp. von der dadurch für Sieg oder Niederlage gebotenen Aussicht bestimmen, während der verantwortliche Minister den Krieg nur will, sobald er ihn zu der anders nicht zu ermöglichenden Durchführung seiner Politik braucht. Mit anderen Worten: man will militärische Gesichtspunkte bei Entscheidung von Fragen der auswärtigen Politik in den Vordergrund drängen, der leitende Minister verbittet sich das."

Ein anderes nationalliberales Blatt, die „National-Zeitung" fand, dass wohl Niemand annehmen werde, der Artikel der „Nordd. Allg. Ztg." sei nur eine „akademische" Erörterung; vielmehr dürfte der allgemeine Eindruck sein, dass hier zum ersten Mal in unbestreitbar officiöser Form das Vorhandensein von Bestrebungen festgestellt werde, welche auf eine Entscheidung der Kriegsfrage ausserhalb des „Zusammenhanges mit der allgemeinen Politik des Landes" gerichtet sind. An Andeutungen dieser Art habe es schon seit längerer Zeit nicht gefehlt, dieselben erhielten jetzt eine bedeutsame Bestätigung. Eine Auffassung, welche den Krieg als „etwas nur seinen eigenen Gesetzen Folgendes betrachtet," dürfe zur Zeit sich darin äussern, dass das entscheidende Gewicht auf das Maass der Kriegsbereitschaft und somit der Wahrscheinlichkeit des Erfolges einerseits bei den Heeren des Dreibundes, andererseits bei denen seiner voraussichtlichen Gegner gelegt würde. Die praktische Folgerung aus der entgegengesetzten Auffassung, wonach „der Krieg seiner Ursache und Entstehung nach im innigsten Zusammenhange mit der allgemeinen Politik eines Landes stehe und dieser angepasst werden müsse, wie das Mittel dem Zwecke," habe Fürst Bismark in der Reichstagsrede vom 6. Februar 1888 gezogen: er würde niemals, so sagte er damals ungefähr, zu einem Kriege nur darum rathen, weil man zu seiner Führung gerüstet und der Meinung sei, dass er sich doch nicht endgültig werde vermeiden lassen: das Letztere sei niemals mit Bestimmtheit zu behaupten. Dass die öffentliche Meinung, wenn die Frage so gestellt werde, unbedingt auf der Seite des Kanzlers sei, könne nicht bezweifelt werden.

Die „Kreuzzeitung" fand wohl ebenfalls, dass der Clausewitz-Artikel nicht anders gedeutet werden könne, wandte aber ihre Entrüstung über die „Nordd. Allg. Ztg." gegen die „Nationalzeitung". Sie fragte diese, ob sie es sich ganz klar gemacht habe, dass sie mit ihrer Interpretation die höchsten militärischen

Behörden Deutschlands vor dem Auslande auf das schwerste kompromittire und zugleich in die Disziplin der Armee ein höchst bedenkliches Moment der Lockerung hineinwerfe.

„Wir wollen". sagte sie, „zur Entschuldigung der „Nat.-Ztg." annehmen, dass sie diese volle Konsequenz ihrer Worte nicht erwogen hat: nachdem sie aber einmal ausgesprochen sind, nachdem die „Nordd. Allg. Ztg" von einem Blatte, das sie selbst oft mit Wohlgefallen zitirt, als Bürge für die schmachvollen Angriffe gegen den Chef des Grossen Generalstabes und anderer militärischer Behörden aufgerufen worden ist, wird sich das offiziöse Organ der Pflicht nicht entziehen können, mit aller Entschiedenheit gegen die von der „Nat.-Ztg." beliebte Nutzanwendung ihres Artikels Protest erheben. Geschähe das nicht, so würde die „Nordd. Allg. Ztg." dem Vorwurf nicht entgehen. dass sie sich in den Dienst einer persönlichen Politik gestellt habe, welche nicht davor zurückschreckt, die höchsten militärischen Behörden vor dem Auslande zu diskreditiren und die Disziplin der Armee zu lockern."

Die Nordd. Allg. Ztg. setzte sich zuerst auf die Hinterfüsse. Sie sagte: „Die Presse nimmt mehrfach Notiz von einer Bemerkung der „Kreuzzeitung", welche sich auf den leitenden Artikel unserer Sonntagsnummer bezieht. Jenes Blatt meint, dass die „Nordd.

'Allg. Ztg.", falls sie jetzt nicht etwas ihr von der „Kreuzzeitung" Vorgeschriebenes thue, einem von derselben gleichzeitig bestimmt umschriebenen Vorwurfe nicht entgehen würde. Wir wüssten nicht, wer gerade die „Kreuzzeitung" zum Richter über Handlungen oder Unterlassungen der „Norddeutschen Allgemeinen Zeitung" gesetzt hätte."

Tages darauf erhielt die „Nordd. Allg. Ztg." Contre-Ordre. Ihr Clausewitz-Artikel hatte unstreitig eine Wirkung hervorgebracht, die über die beabsichtigte hinausging, und der gegenüber jetzt behauptet wurde, der Artikel habe nur einen akademischen Charakter gehabt und nichts hätte ihm ferner gelegen, als die zugeschriebene Tendenz. „Wir rechnen es uns zur Ehre an, dass unser Blatt mitunter in der Lage ist, wohlinformirte Mittheilungen zu bringen, müssen uns aber dagegen verwahren, dass jeder Artikel unseres Blattes auf das, was man „offiziösen Ursprung" nennt, zurückgeführt werde. Von unserer Bereitwilligkeit, der von uns unterstützten Staatsregierung unser Blatt für Artikel, welche der Tendenz desselben nicht widersprechen, zur Verfügung zu stellen, wird thatsächlich kein so ausgedehnter Gebrauch gemacht, wie andere Blätter, wenn es ihnen passt, machen oder anzunehmen vorgeben. In dem vorliegenden Falle ist es umsoweniger angebracht, den Herrn Reichskanzler mit dem erwähnten Artikel in irgend welchen Zusammenhang zu bringen, als Seine Durchlaucht bekanntlich in ländlicher Zurückgezogenheit Erholung sucht und kaum Anlass haben dürfte, sich gegenwärtig mit derartigen Doktorfragen zu beschäftigen." Die Kreuzzeitung hatte einen Triumph zu verzeichnen. Das wollte die Nordd. Allg. Ztg. nicht auf sich sitzen lassen, „dass sie sich in den Dienst einer persönlichen Politik gestellt habe, welche nicht davor zurückschrecke, die höchsten militärischen Behörden vor dem Ausland zu diskreditiren und die Disziplin der Armee zu lockern."

Dass aber Jemand ernstlich der Nordd. Allg. Ztg. geglaubt haben könnte, dass sie, indem sie mitten in einer heftigen Pressfehde, die sich um das Dasein einer Kriegspartei und um die Stellung des Fürsten Bismarck zu derselben handelte, das Wort nahm und eine Theorie deduzierte, die der leitende Staatsmann seit mehr als zwanzig Jahren, seit dem Kriege mit Oesterreich wiederholt mit grossem Eifer vertreten, und zwar ausdrücklich im Gegensatz zu den militärischen Autoritäten, nur eine Doktorfrage habe erörtern wollen, erscheint als ein Ding der Unmöglichkeit. Fürst Bismarck hat sich niemals gescheut, von Friktionen mit militärischen Kreisen zu sprechen, seine Clausewitz-Theorie gegen diese öffentlich zu vertheidigen, die Gegner oft sehr genau zu bezeichnen, wenn auch ohne Namensnennung, und den Vorwurf, er diskreditire dadurch die höchsten militärischen Behörden vor dem Auslande und lockere die Disziplin der Armee, niemals erfahren oder beachtet. Fürst Bismarck hat wiederholt von Friktionen am Hofe. an anderen hohen Stellen, mit Collegen gesprochen, aber auf keine Friktionen ist er häufiger. öffentlich und privatim, zurückgekommen. als auf diejenigen mit militärischen Kreisen. Zumal seit dem Kriege mit Frankreich ist ihm die Erhaltung des Friedens ein so krampfhaft im Auge behaltenes Ziel. eine so skrupulös verfolgte Aufgabe. dass das leiseste Stören seiner Zirkel von irgend welcher Seite her ihn auf das empfindlichste berührt. Indem er namentlich immer von neuem fast alljährlich im Reichstage auf seine Clausewitz-Theorie vom Kriege zurückkommt, den Angriffs- oder Präventivkrieg mit den kräftigsten Worten zurückweist — er nennt ihn einmal eine „kolossale Dummheit" — muss man doch wohl auf die Existenz von militärischen Autoritäten bei uns schliessen, die zum Kriege drängen, selbst wenn sie in der Presse nicht zu Worte kämen. Fürst Bismarck wird doch nicht, ein zweiter Don Quixote. gegen Windmühlen kämpfen. Aus der Energie. mit der er immer von neuem gegen die Befürworter des Losschlagens aus bloss militärischen Gründen ankämpft, lässt sich sogar entnehmen, dass die Friktionen von der ernsteten Natur sind oder waren. Es ist bezeichnend, dass der Staatsmann, der mit der Blut- und Eisentheorie als Minister am Dönhofsplatze debutirte, schon längst zu einem Elihu-Burrit umgewandelt ist, der den Oelzweig von Avignon, den das Abgeordnetenhaus einst von ihm nicht annehmen wollte, heute zum Symbol seiner Gesammtpolitik, namentlich seiner auswärtigen, gemacht hat. Doch sprechen wir nicht von einer Umwandlung. Er ist immer derselbe geblieben. Durchdrungen von der Ueberzeugung der Unmöglichkeit, die deutsche Frage anders als igni ferroque zu lösen, zeigte er schon auf dem Schlachtfelde selber, wo diese Frage ihre Lösung fand, wie sehr ihm der Friede über den Krieg geht, die politische Selbstbeschränkung über Eroberungsgelüste und Machterweiterung. In einem Privatgespräch in späterer Zeit (1868) äusserte sich Bismarck dahin: „Nach der Schlacht von Königgrätz war ich ganz allein für den Frieden. Alle waren gegen mich: es ist gar nicht zu sagen. Der König war ungehalten, die Generäle tobten über den Zivilisten. Ich erklärte dem Könige: Ich werde die Verantwortlichkeit der Fortsetzung des Krieges nicht auf mich nehmen und zurücktreten. Aber wenn der König trotzdem Krieg führen und meinethalben ein österreichisches Kaiserreich gründen und nach Konstantinopel ziehen wolle, so erbäte ich mir eine Stelle bei der aktiven Armee, um zu beweisen, dass es mir nicht am Muthe fehle. Wir hatten damals die Cholera im Leib. Die Franzosen konnten eine Diversion in Süddeutschland machen. Der Sieg über sie hätte viel, auch deutsches Blut gekostet. Ich war der Meinung, wir haben eine Höhe erreicht, von wo aus die Wasser ganz von selbst abwärts fliessen, ohne Gewalt."

Bismarck zog selbst in den von ihm für unvermeidlich gehaltenen, in Konflikt mit der Nation, mit dem Könige, bei dem verwandte Höfe mächtig für den Frieden wirkten, mit der königlichen Familie, mit einer „Unmenge von feindlichen Einflüssen" (wie er sich selber ausdrückte) mühsam abgetrotzten Krieg mit Oesterreich nicht mit der Siegessicherheit des Militärs, sondern von der Schwere der Verantwortlichkeit, von dem Bewusstsein des grossen Wagnisses, des va-banque-Spieles gedrückt. „Nehmen Sie an — sagte er später — dass der Wurf misslang, dass dieser zur Entscheidung der deutschen Einheit, zur Zerschneidung des gordischen Knotens, in dessen Verschlingungen wir uns befanden, leider nothwendige Bruderkrieg für Preussen verloren ging, so war es ja ganz klar, dass ich, wenn ich überhaupt nach diesem Vorfall meine Heimath wiedergesehen hätte, allgemein der Sündenbock war, der Verbrecher, der das Vaterland leichtfertig in's Verderben geführt hatte. Bei allen Ovationen, beim Einzug 1866, habe ich mich der Worte eines meiner Kameraden auf dem Schlachtfelde erinnert: „Wäre es anders gekommen, so hätten die alten Weiber Sie mit Besenstielen todtgeschlagen."

„Es war die grosse Gefahr — sagte Bismarck am 6. Februar 1888 — welche wir nur durch vorsichtige Benutzung der Umstände hintangehalten haben, dass aus diesem Duell zwischen Preussen und Oesterreich nicht ein grosser europäischer Koalitionskrieg wiederum entbrannte, bei dem es sich um die Existenzfrage, um Kopf und Kragen handelte."

Seit dem Kriege von 1866 ist das Bewusstsein der schweren Verantwortung, der Grösse des Wagnisses, das mit jedem Kriege, auch dem gerechtesten, verbunden ist, zugleich mit der Empfindlichkeit für die Leiden und Schrecken jedes Krieges beim Fürsten Bismarck nur noch gestiegen. Die folgende Aeusserung des deutschen Staatsmannes aus einem Gespräche mit einem Abgeordneten im Jahre 1867 finde hier um so mehr eine Stelle, als sie auf's neue die Lächerlichkeit der Verleumdungen darlegt, die am liebsten den Reichskanzler als einen „Kriegshetzer" hinstellen möchten. Der Reichskanzler sagte: „Ich habe auf dem Schlachtfelde und, was noch weit schlimmer ist, in den Lazarethen die Blüthe unserer Jugend dahinraffen sehen durch Wunden und Krankheit: ich sehe jetzt aus diesem Fenster gar manchen Krüppel auf der Wilhelmstrasse gehen, der herauf sieht und bei sich wohl denkt, wäre nicht der Mann da oben und hätte er nicht den bösen Krieg gemacht, ich sässe jetzt gesund bei Muttern. Ich würde mit diesen Erinnerungen und bei diesem Anblick keine ruhige Stunde haben, wenn ich mir vorzuwerfen hätte, den Krieg leichtsinnig oder aus Ehrgeiz oder auch aus eitler Ruhmessucht für die Nation gemacht zu haben. Ja, ich habe den Krieg von 1866 gemacht in schwerer Erfüllung einer harten Pflicht, weil ohne ihn die preussische Geschichte still gestanden hätte, weil ohne ihn die Nation politischer Versumpfung verfallen und bald die Beute habsüchtiger Nachbarn geworden wäre, und ständen wir wieder, wo wir damals standen, würde ish entschlossen wieder den Krieg machen. Niemals aber werde ich Sr. Majestät zu einem Kriege rathen, welcher nicht durch die innersten Interessen des Vaterlandes geboten ist."

Dass Fürst Bismarck vor dem nothwendigen Kriege nicht zurückschreckt, hat eben das Jahr 1866 bewiesen. Sobald aber der entscheidende Schlag vom 3. Juli gefallen war, gehörte seine ganze Seele dem einen Gedanken an: Friede unter allen nur irgend zulässigen Bedingungen! Mit Recht darf behauptet werden: Dass in der ganzen Weltgeschichte sich kaum noch ein zweites Beispiel solcher Schonung des Ueberwundenen durch den Sieger auffinden lässt. Um sie ihrem vollen Werthe nach zu würdigen, wird man wohlthun in Erwägung zu ziehen, was umgekehrt Preussens Geschick gewesen sein würde, wenn das Glück der Schlachten sich gegen diesen Staat entschieden hätte. Es war schon vor der Eröffnung der Böhmischen Campagne ein öffentliches Geheimniss: dass für diesen Fall die Losreissung von ganz Schlesien und seine Wiedervereinigung mit Oesterreich in Aussicht genommen worden. Man kann hier Bewunderung einer Politik (der Preussischen) nicht versagen, welche aus einer solchen Thatsache gleichwohl kein Motiv zur Rancune wieder den überwundenen Nachbar genommen und überhaupt aus ihrem Calcul und ihren Entschliessungen Gereiztheit und Leidenschaft durchaus fern gehalten hat. Ja, wir dürfen behaupten: Dass schon in der Anlage, welche diesseits dem 1866 er Kriege gegeben worden war, das Bestreben Ausdruck fand, denselben zu einer wenn auch nachdrücklichen, so doch nur kurzen bewaffneten Auseinandersetzung mit Oesterreich zu machen, zu einer politischen Episode so zu sagen, ohne langdauernde Nachwirkungen, und durch welche namentlich dem späteren einigen und innigen Zusammengehen beider Mächte kein Eintrag geschehe.

Das war der grosse Unterschied zwischen dem

österreichischen und dem französischen Kriege: dort, Oesterreich gegenüber, sah unser leitender Staatsmann einen Bruderbund der beiden feindlichen Nationen aus dem heissen Schlachtfeld hervorgehen und eine solche Frucht war das reichlich vergossene Blut wohl werth: hier, Frankreich gegenüber, wiederstrebte er, so lange es nur möglich war, dem Wagniss, indem er im Rathe des Königs (er hat es uns am 13. Januar 1887 erzählt) erklärte: „Es handelt sich nicht um einen einmaligen Krieg, sondern um eine ganze Reihe von Kriegen, vielleicht um ein halbes Jahrhundert der Kriegführung." Aus diesem Grunde, sagte er, sei man 1867 nachgiebig gegen Frankreich gewesen. In einem Kriege mit diesem winkte als Lohn vom Schlachtfelde her nicht ein Friedensbund wie bei Oesterreich, sondern drohte eine Aneinanderreihung von Krieg an Krieg. Deshalb die Scheu vor der blutigen Auseinandersetzung, so lange die Ehre es erlaubte. Als Fürst Bismarck jene Erklärung am 13 Januar 1887 dem Reichstage mittheilte, setzte er hinzu:

„Ein ähnliches Verhältniss der Spannung, des andauernden Hasses noch nach einer anderen Richtung hin durch einen Krieg mit Russland herbeizuführen, dazu gehört doch ganz nothwendig, dass wir von Russland muthwilliger Weise angegriffen würden. Dann werden wir uns vertheidigen bis auf den letzten Blutstropfen und wenn wir einer grossen Koalition augenblicklich unterliegen sollten, dann würde eine Nation wie die Deutsche niemals zu Grunde gehen, und wenn auch, so ist es immer besser, mit Ehren unterzugehen, als mit Schande zu leben."

Also auch Russland gegenüber sieht der Reichskanzler nicht einen dauernden Frieden aus dem Kriege hervorgehen, sondern wie bei Frankreich nur einen Waffenstillstand: daher die Abweisung jedes militärischen Drängens zum Kriege. Dieselben Worte beweisen aber auch, dass wenn heute Stimmen sich erheben, welche finden, dass Fürst Bismarck in seiner Nachgiebigkeit gegen Russland zu weit geht, wie das kürzlich sogar in einer theologischen Zeitschrift geschehen, wir versichert sein können, dass unsere Ehre bei unserem Reichskanzler wie bei unserem Monarchen trotz ihrer Friedenliebe wohl gewahrt und gehütet ist. Auch hat man im Auslande, also ausserhalb der Grenzen Deutschlands, schwerlich schon die Entdeckung gemacht, dass unser Staatsmann es an dem Schutze der Würde und Ehre Deutschlands fehlen liesse: im Gegenteil man findet ihn eher herausfordernd als servil, er ist keines von beiden, er ist ein praktischer Politiker.

Fürst Bismarck und der verstorbene Kaiser Friedrich III. haben nicht in Allem harmonirt, in der Stellung zur Kriegsfrage trafen sie nach 1866 in denselben Anschauungen zusammen. Das zeigte sich namentlich in der Luxemburger Frage. Preussen, welches den Frieden zu wahren wünschte, so lange die Ehre es gestattete, vertauschte das zweifelhafte Besatzungsrecht von Luxemburg mit der Neutralisation desselben. Die Meinungen im Rathe des Königs waren damals getheilt. Graf Moltke wollte nichts von einem Rückzug der preussischen Garnison wissen, wollte den ungerüsteten Zustand Frankreichs benutzen, ein bedingungsloses Zurücktreten von demselben verlangen und im Weigerungsfalle rasch in Frankreich eindringen und dem Kaiser ein zweites Nikolsburg bereiten. „Der Kampf mit Napoleon sei unvermeidlich: werde derselbe von Preussen jetzt nicht aufgenommen, so werde er diesem in wenigen Jahren, wenn Napoleon seine Rüstungen vollendet habe, aufgedrängt, aber dann seien die Chancen weniger günstig." Bismarck zweifelte ebenso wenig als Moltke an dem baldigen Ausbruch eines deutschfranzösischen Krieges: er wollte aber, bevor es dazu komme, die Neugestaltung Deutschlands sich befestigen, die neuen politischen und militärischen Einrichtungen erstarken lassen und glaubte sicher zu sein, dass die deutschen Streitkräfte, welche in den nächsten Jahren fast in demselben Maasse wie die französischen verbessert und verstärkt würden, von ihrer Ueberlegenheit nichts einbüssten. Der Kronprinz hatte, während die Luxemburger Frage spielte, über eine wegen derselben im norddeutschen Reichstage an den Bundeskanzler gestellten Anfrage eines hervorragenden Abgeordneten (Interpellation des Herrn von Bennigsen) eine Unterredung mit dem ersten Präsidenten des Reichstages, Simson. Letzterer bemerkte: „Wenn Frankreich und Holland bereits abgeschlossen haben, so bedeutet das den Krieg". Ganz erregt sagte nun der Kronprinz: „Sie haben den Krieg nicht gesehen; hätten Sie ihn gesehen, so würden Sie das Wort nicht so ruhig aussprechen. Ich habe den Krieg erfahren und ich muss Ihnen sagen, es ist die grösste Pflicht, wenn es irgend möglich ist, den Krieg zu vermeiden. In der That, Krieg zu machen ist eine furchtbare Verschuldung. Sogar wenn ein Staatsmann die Nothwendigkeit des Krieges voraussieht, darf er ihn nicht künstlich herbeiziehen, ausser wenn er ein Genie und des Schicksals sicher ist. Sonst heisst das Gott versuchen. Aber den Krieg, wenn er kommt, erwarten und bestehen, das ist Mannespflicht. In jenem Falle ist die öffentliche Meinung und der Himmel mit uns."

Der „ewige Friede" war das freimaurerische Ideal Kaisers Friedrich III. Graf Moltke sagt bekanntlich: „Der ewige Friede ist ein Traum, und zwar nicht einmal ein schöner Traum. Der Krieg ist ein Element der von Gott eingesetzten Ordnung, die edelsten Tugenden des Menschen entfalten sich daselbst, der Muth und die Entsagung, die treue Pflichterfüllung und der Geist der Aufopferung, der Soldat giebt sein Leben hin. Ohne den Krieg würde die Welt in Fäulniss gerathen, und sich im Materialismus verlieren." Fürst Bismarck steht Graf Moltke ferner, als dem Kaiser Friedrich. Er hat sich ein unvergängliches Denkmal gesetzt in jener Depesche vom Juli 1870, in der er sagte: „Ich war nicht der Meinung derjenigen Politiker, welche dazu riethen, dem Kriege mit Frankreich deshalb nicht nach Kräften vorzubeugen, weil er doch unvermeidlich sei. So sicher durchschaut Niemand die Absichten der göttlichen Vorsehung bezüglich der Zukunft und ich betrachte auch einen siegreichen Krieg an sich immer als ein Uebel, welches die Staatskunst den Völkern zu ersparen bemüht sein muss. Ich durfte nicht ohne die Möglichkeit rechnen, dass in Frankreichs Verfassung und Politik Veränderungen eintreten könnten, welche beide grosse Nachbarvölker über die Nothwendigkeit eines Krieges hinweggeführt hätten – eine Hoffnung, welcher jeder Aufschub des Bruches zu Gute kam." — Bismarck sagte das mit Bezug auf die Luxemburger Frage, in der er den Ausspruch einer militärischen Autorität, wie Moltke entgegen, es verschmähte, das im Frühjahr 1867 militärisch sehr schwach vorbereitete Frankreich viel leichteren Kaufs. als drei Jahre später. niederzuwerfen.

Fürst Bismarck hielt den Krieg mit Frankreich für keinen unvermeidlichen. In seiner grossen Rede vom 20. Dezember 1866 sagte er: „Die Interessen Preussens tragen an und für sich nichts in sich, was uns nicht den Frieden und ein freundnachbarliches Verhältniss zu Frankreich wünschenswerth machte. Wir haben bei einem Kriege mit Frankreich, selbst bei einem glücklichen, nichts zu gewinnen. Der Kaiser Napoleon. im Widerspruch zu anderen französischen Dynastien, hat in seiner Weisheit erkannt, dass Frieden und gegenseitiges Vertrauen im Interesse beider Nationen liege: dass sie von der Natur nicht berufen seien, sich gegenseitig zu bekämpfen, sondern als gute Nachbarn die Bahn des Fortschritts in Wohlfahrt und Gesittung mit einander zu wandeln. Zu solchen Beziehungen mit Frankreich ist nur ein selbstständiges Preussen befähigt." Diese Worte des scharfsichtigen Staatsmannes waren aufrichtig und richtig. Napoleon III. baute auf sie sein politisches System.

Im August 1874 gab es eine internationale Konferenz für Codification des Völkerrechts zu Brüssel. Einer der militärischen Vertreter Deutschlands war der damalige General-Major von Voigt-Rhetz. Bluntschli schreibt über ihn in seinem Tagebuche: „Heute dinirten wir zusammen. Ich bekam den Eindruck, dass General von Voigt-Rhetz und

sicher die preussische Militärpartei auf Krieg hofft,
und den Krieg wünscht. Wir sehen ja, dass Frankreich
mit äusserster Anstrengung sich auf den
Revanchekrieg vorbereitet. Sollen wir denn warten,
bis die Franzosen vollständig gerüstet sind?" sagte
der General." Dergleichen hörte man in der Unruhe
des Frühjahrs 1875 überall. Fürst Bismarck sprach
sich dagegen im Reichstage ein Jahr später aus, indem
er gleichzeitig den ihm zumal vom Auslande
gemachten Vorwurf kriegerischer Gelüst abwehrte.

„Se. Majestät der Kaiser hat Kriege führen
müssen: er hat sie ungern geführt. sich schwer dazu
entschlossen, er hat grossen Ruhm darin erkämpft
— ist in einem Alter, wo man gewöhnlich nicht
Händel sucht: kein Mensch wird glauben, dass Se.
Majestät der Kaiser kriegslustig ist. So lange er
das aber nicht ist, so ist ja Alles, was man von
einem kriegslustigen Minister spricht, Windbeutelei
und bewusste Entstellung der Thatsachen, und alle
Aengstlichkeit darüber eine affektirte, die nicht wirklich
ist. Dann aber denken Sie sich, meine Herren,
meine Lage, wenn ich vor einem Jahre hier vor Sie
getreten wäre, und hätte nun ähnlich, wie anno 1870,
wo wir von Frankreich angegriffen waren, Ihnen
auseinandergesetzt: meine Herren, wir müssen Krieg
führen, ich weiss Ihnen eigentlich einen ganz bestimmten
Grund dafür nicht anzugeben, wir sind

nicht angegriffen und nicht beleidigt, aber die Situation ist gefährlich: wir haben mehrere mächtige Armeen zu Nachbarn, die französische Armee reorganisirt sich in einer Weise, die in der That beunruhigend ist; ich verlange von Ihnen eine Anleihe von 200 Millionen Thalern, oder 600 Millionen Mark, um zu rüsten. Würden Sie da nicht sehr geneigt gewesen sein, zuerst nach dem Arzte zu schicken, um untersuchen zu lassen, wie ich dazu käme, dass ich nach meiner langen politischen Erfahrung die kolossale Dummheit begehen könnte, so vor Sie zu treten und zu sagen: es ist möglich, dass wir in einigen Jahren einmal angegriffen werden, damit wir dem nun zuvorkommen, fallen wir rasch über unsere Nachbarn her und hauen sie zusammen, ehe sie sich vollständig erholen — gewissermaassen Selbstmord, aus Besorgniss vor dem Tode, und das inmitten einer ganz behaglichen, ruhigen Stellung, wo kein Mensch gewusst hätte, was eigentlich für ein casus belli, was für ein Grund zum Kriege vorliegen könnte. — Wir haben nichts zu erobern, nichts zu gewinnen, wir sind zufrieden mit dem, was wir haben, und es ist eine Verleumdung, wenn man uns irgend einer Eroberungssucht, einer Ausdehnungssucht, beschuldigt. Es trat damals zu der öffentlichen Leichtgläubigkeit, die ich tadle, der entgegenzuwirken ich für unsere Aufgabe halte, es traten im vorigen Frühjahr noch Verhältnisse ein, die ich hier nicht näher auseinander legen will, der Umstand, dass einzelne Diplomaten aus trüben Quellen schöpften und wegen Mangel an Erfahrung überzeugt waren, dass diese trüben Quellen reines Wasser lieferten, dass Saloneinwirkungen — Personen, die gesellschaftlich hoch genug gestellt waren, um mit politischen Kreisen in Berührung zu kommen, Ueberzeugungen aussprachen, die irrthümlich waren, weil eben diese Personen noch nicht eingeweiht genug waren, um ein politisches Urtheil zu haben, vielleicht auch nicht unparteiisch genug, um das Deutsche Reich wohlwollend zu beurtheilen: ich nenne keine Namen, aber ich könnte sie nennen. Es giebt ja hochgestellte Personen, die als politische Orakel gelten, ohne amtlich dazu berufen zu sein; Personen, die auch mit einem Anschein von Offiziosität und Glaubwürdigkeit korrespondiren, aber mit Unrecht."

Hier wurden zum ersten Male die Gegner des Fürsten Bismarck näher bezeichnet. In der Januarrede vom Jahre 1887 bemerkte er wiederum: Deutschland werde so wenig wie anlässlich der Luxemburger Frage von 1867 den Krieg nur darum beschleunigen, weil man besser als der Gegner gerüstet zu sein glaube, man könne der „Vorsehung nicht in die Karten blicken", vielleicht bedeute Verzögerung des Krieges Vermeidung desselben. Er erklärte in der Rede vom

6. Februar 1888 sich ähnlich gegen den Gedanken an einen Präventivkrieg. Er forderte den Reichstag auf, für einen solchen Angriffskrieg die Milliarde zu versagen, auch wenn er selbst sie fordere. Das Gewicht der Impondorabilien, das schwerer wiege, als das materielle des Gegners, würde bei einem Angriffskriege uns fehlen, bei einem Vertheidigungskriege aber auf unserer Seite sein. Es ist begreiflich, dass Militärs nicht so denken.

Wir sehen, wie das Ringen des Fürsten Bismarck gegen ein X, das unaufhörlich zum Kriege drängt, nun schon einen Zeitraum von über zwanzig Jahre mit seltenen Pausen ausfüllt. In den letzten Jahren ist dieses auch in der Presse zu Worte gekommen. Hier nur gelegentlich, dort systematisch treibt ein miles gloriosus sein Wesen, der das deutsche Volk und die deutsche Presse unausgesetzt wegen unzureichender nationaler Gesinnung schulmeistert, weil von demselben nach seiner Ansicht das Ausland viel zu glimpflich behandelt wird. Aus der „Kreuzzeitung" besonders vernimmt man eine Sprache, welche auf Hintermänner hinweist, die mit den Personen, welche Fürst Bismarck als seine Gegner in der Kriegsfrage bekämpft, identisch zu sein scheinen. Aber auch andere Blätter machen sich mehr oder weniger häufig zum Echo jener Sprache. In der bulgarischen Frage erregte es vor drei Jahren ein gewisses Aufsehen, als in dem Militär-Wochenblatte, in dem offiziellen literarischen Organ der preussischen Armee ein Aufsatz Aufnahme finden konnte, der sich als der wärmste Panegyrikus auf den Fürsten Alexander von Bulgarien darstellte, der überhaupt geschrieben worden ist. Auch in der Beurtheilung des rumelischen Aufstandes wich das „Militär-Wochenblatt" derart von der gebräuchlichen diplomatischen Kälte und Schroffheit ab, dass man unwillkürlich an den alten Gegensatz zwischen der Ehrlichkeit des Schwertes und der diplomatischen Federfuchserei erinnert wurde. Nicht ohne Erstaunen konnte man folgendes Urtheil über die Trennung von Nord- und Südbulgarien lesen: „Dazu kam, dass derjenige Theil des Gebietes, welcher bezüglich der Ertragsfähigkeit und der Kultur des Bodens, sowohl bezüglich der Wohlhabenheit und der Bildung der Bevölkerung der bessere war, mit einem Worte, dass derjenige Theil des von Bulgaren bewohnten Landgebietes, in welchem die eigentlichen Lebensnerven eines bulgarischen Staatswesens wurzeln, der südlich des Balkan gelegene ist und in der Hauptsache nicht dem selbständigeren der beiden vom Berliner Kongress geschaffenen bulgarischen Staatswesen einverleibt, sondern fasst ausschliesslich das Territorium der autonomen Provinz Ostrumelien wurde. Was das bulgarische Volk damals schon an inneren und äusseren Gütern besass, blieb mithin dem ihren nationalen Wünschen noch am ehesten entsprechenden Staatswesen, dem Fürstenthum äusserlich wenigstens vorenthalten." — Es war das die Zeit, wo die offiziöse Presse, Russland zu Liebe, das Ereigniss von Philippopel als das verwerflichste Unternehmen von der Welt beurtheilte. Ueber den Fürsten Alexander schrieb das „Militär-Wochenblatt":

„Der 1879 zum Fürsten von Bulgarien erwählte Prinz Alexander von Battenberg, ehemals Premierlieutenant im königlich preussischen Regiment der Gardes du Corps, und seitdem auf den berühmten Rosen Bulgariens nicht gerade beneidenswerth gebettete, regierende Fürst in Sofia, der Hauptstadt Bulgariens, fühlte sich durch den in jenem Augenblick für ihn völlig überraschenden Philippopler Vorgang vor die Wahl gestellt, entweder selbst an die Spitze der ohne sein Zuthun ins Werk gesetzten, nun aber einmal in Fluss gekommenen, und wenn auch aufständischen, so doch nationalen Bewegung zu treten, oder sich nicht mehr als Fürst der Bulgaren zu betrachten, das heisst abzudanken. Entweder er identifizirte sich mit dem Hoffen und Wünschen seines Volkes und fühlte und handelte als Bulgare mit diesen, oder er unterliess dies und war dann Herrscher ohne Beherrschte, ein Fürst, dem Herzen seines Volkes entrückt, ein Fremdling ihnen, wie ehedem. Mit schnellem Entschluss entschied Fürst

Alexander sich für das Erstere. Mehr als alle Diplomaten der Kongressmächte hatte er als regierender Fürst des von den letzteren geschaffenen Landes die nationalen und wirthschaftlichen Mängel dieser Staatsbildung empfinden können und genauer als er hatte kein Nichtbulgare die Naturwüchsigkeit und die Einhelligkeit der treibenden Kraft und die Tragweite der Erhebung würdigen lernen: er am ehesten würde — so glaubte er ferner — die Erhebung an weiteren Ausschreitungen hindern, sie dadurch in den Augen Europas legalisiren und somit schliesslich zur politischen Reife und Anerkennung führen können. Und so trat Fürst Alexander, der in den straffsten Grundsätzen der Ordnung und des Gehorsams erzogene deutsche Prinz und ehemalige preussische Offizier an die Spitze jener politischen Erhebung und voll und ganz übernahm er sofort die Verantwortung für alle Folgen derselben."

Die Offiziösen und Offiziellen in Berlin und Petersburg führten eine andere Sprache. Sie nannten die Versicherung des Fürsten, er sei von der Bewegung überrascht worden, eine Lüge. Das „Militär-Wochenblatt" erklärte unumwunden:

„Der Soldat weiss solche Eigenschaften (wie die von dem Fürsten gezeigten) zu schätzen. Der Weg zur That, zum Erfolg ist mit diesen und nicht nur mit guten Gedanken gepflastert. Und hieraus ist es denn auch zu erklären, dass man in der deutschen Heimath des Fürsten und vorzugsweise in den Reihen der deutschen — vielleicht auch anderer — Offiziercorps dem persönlichen Eintreten und dem entschiedenen Vorgehen des Fürsten angesichts der Philippopler Erhebung von Anfang an mit einer unverkennbaren Sympathie folgte. Das kameradschaftliche Band, welches die deutschen Offiziere mit dem Fürsten Alexander verbindet, und dem dieser selbst stets ein lebhaftes, warmes Gedenken widmet, trug zu dieser, übrigens durchaus persönlichen und darum mit taktvoller Zurückhaltung sich äussernden Auffassung der Dinge mit bei. Mit merkwürdiger Einmüthigkeit nahm die gesammte deutsche Tagesliteratur von einiger Bedeutung, je länger, je mehr die Partei Fürst Alexanders."

Während noch vor Kurzem ein russischer Agent von Sofia aus in einem Petersburger Blatte den Fürsten Alexander als „den grössten Feind Russlands, einen Feigling und unfähigen Militär" geschimpft hatte, sagte das „Militär-Wochenblatt": „Die Entschlossenheit und Kühnheit eines militärisch erzogenen, in preussischen Traditionen und Grundsätzen gereiften deutschen Prinzen, seine persönliche Tapferkeit und sein Glück führten den Umschwung herbei." Am Schlusse hiess es:

„Einem Jugendstreiche vergleichbar war die

Volksthat vom 18. September. Als ein höchst achtungswerther, zum Mitsprechen vollauf berechtigter Mann ist der junge bulgarische Staat aus dem daraus entstandenen Konflikte hervorgegangen. Das echte Soldatenherz in der Brust des Fürsten Alexander hatte Sorge getragen, dass die richtige Direktion gefunden und gehalten wurde. Mit freudiger Ehrerbietung nennt ihn die deutsche Armee den Ihrigen!"

Wir kommen zur „Kreuzzeitung." Sie hat es an einem ausführlichen Programm nicht fehlen lassen. Sie fand in der bulgarischen Frage, dass auf deutscher Seite nicht alles so wäre, wie es sein sollte. Sie trat der „Nordd. Allg. Ztg." entgegen, indem sie das Verdienst des Fürsten von Bulgarien hervorhob, das gethan zu haben, was in seinen Kräften stand, um den Mächten die Aufgabe der Erhaltung des Weltfriedens zu erleichtern, und zwar dadurch, dass er Bulgarien verliess.

Die „Neue Preuss. Ztg." sagte damals, man solle das billiger Weise anerkennen, statt den Fürsten mit Anzapfungen zu verfolgen, die schlechterdings keinen anderen Erfolg haben könnten, als den ohnehin in's Kraut geschossenen russischen Uebermuth bis in's Maasslose zu steigern. Dasselbe Blatt sprach bei dieser Gelegenheit auch von jenem „servilen Uebereifer", der den Frieden dadurch zu sichern glaube, dass er den dreistesten russischen Ansprüchen mit einer Zuvorkommenheit ohne Ende die Spitze abzubrechen bestrebt sei. Mit sachlichen Zugeständnissen, wenn sie ein ernstes Ziel im Auge haben, müsse man sich abfinden: die bekannte Methode gewisser Diplomaten aber, welche sich im siebzehnten Jahrhundert und wohl auch später noch dem „Geschäft" zu Liebe bereit finden liessen, vor orientalischen Herrschern niederzuknien, sei immer verächtlich gewesen. Ein anderes Mal sprach die „Neue Preuss. Ztg." von der „subalternen Denkweise", welche den Ausdruck nationaler Sympathie für einen Fürsten aus deutschem Stamme mit der „Polenschwärmerei" der dreissiger Jahre zusammenstelle. Damals wären es in der That fremde Interessen gewesen, für die sich die Deutschen erwärmten, jetzt sei es unzweifelhaft der Ausdruck wachsenden Nationalgefühls, womit wir es zu thun hätten, das solle man pflegen, nicht verspotten.

Zu eben jener Zeit beklagte die „Neue Pr. Ztg." die Schmälerung des deutschen Sprachgebietes durch die Magyarisirungs-Politik der ungarischen Regierung innerhalb des Gebietes der Stefanskrone, sowie durch den russischen Sprach-Ukas für die Ostseeprovinzen. Das genannte Blatt bemerkte dabei: „Diese Thatsachen, die niemand leugnen kann, stehen in einem seltsamen Gegensatze zu der politischen Machtstellung des deutschen Reiches. Es ist eine eigene Art von „Aufschwung, den wir nehmen."

Die „Neue Preuss. Ztg." untersuchte auch vor einiger Zeit die Verhältnisse in Elsass-Lothringen und streifte dabei die auswärtige deutsche Politik. „Die Elsass-Lothringer", sagte sie, „hängen deshalb so sehr an Frankreich, weil dieses ihnen die Genugthuung bot, einer wirklichen Grossmacht anzugehören, abgesehen von der hohen Stellung der Franzosen als Kulturvolk." Die „Neue Preuss. Ztg." fand, dass nicht bloss die Lage in Elsass-Lothringen, sondern unsere ganze politische Zukunft davon bedingt sei, ob wir den Nationen Europas mit dem Selbstgefühl am rechten Orte entgegenzutreten verstehen, das nach der Auffassung der Gebildete im Reichslande bei einem grossen Volke ebenso selbstverständlich wie unerlässlich sei, das man aber bei uns noch immer nicht in seiner ganzen ungeheuren Bedeutung zu würdigen wisse.

Gelegentlich einer längeren Betrachtung über die am 5. Juli 1885 in der Schweiz stattgehabte Sempachfeier nannte es ein liberales Berliner Blatt eine „seltsame Erscheinung", dass in weiteren schweizerischen Kreisen auch heute noch mehr Vorliebe für Frankreich besteht, als für uns, und dass die französische Sprache in diesen Kreisen, selbst in kerndeutschen, noch immer die eifrigste Pflege findet, da doch in neuerer Zeit (man denke nur an Savoyen) nur von Frankreich die Schweiz Unbill und Drohung erfahren hatte, nimmer aber von deutscher Seite. Hierauf erwiderte die „Kreuzzeitung":

„Uns wundert das gar nicht. Eine alte phychologische Erfahrung lehrt, dass die einzelnen Menschen, wie die Völker der Regel nach nicht durch Wohlthaten und Freundlichkeiten gewonnen werden, sondern nur durch Furcht, durch die sich unwiderstehlich aufdringende Ueberzeugung einer Ueberlegenheit, die im gegebenen Falle nicht viel Federlesens macht. Alle grossen Nationen der Welt lassen sich instinctmässig von diesem Grundsatze leiten, alle wenden die Macht, die sie nun einmal haben, in diesem Sinne an: nur wir Deutschen können uns dazu nicht entschliessen, und deshalb erleben wir es täglich, dass man uns nicht die Stellung einräumen will, auf die wir an sich Anspruch hätten und die uns ganz von selbst zufallen würde, wenn wir nicht fortwährend in dem alten Irrthum befangen wären, dass sich die Welt durch „Entgegenkommen" regieren lässt. Sie hat es nie gethan und sie wird es niemals thun.

Der schlagendste Beweis ist die Aufnahme, welche die fünfzehnjährige Friedenspolitik des deutschen Reiches im einigen Europa gefunden hat. Es ist dies der grossartigste Versuch, der im ganzen Laufe der Geschichte je unternommen wurde, um die Beziehungen der Nationen mit einander freundlich zu gestalten, um praktisch durchzuführen, was der Theorie nach stets eine Utopie bleiben muss und wird.

Wird diese Politik, obwohl sie der Welt Ströme von Blut und Thränen erspart hat, dem Kaiser und seinem Kanzler irgendwo gedankt: zeigt sich ein Verständniss für die tief sittliche Auffassung der Dinge, die ihr zu Grunde liegt?

Wir haben Jahre lang gehofft, dass sich eine derartige Wirkung endlich einstellen würde, müssen aber gestehen, dass dies eine Täuschung gewesen ist. Jeder Tag lehrt uns umsomehr, dass der Hass, den die Wiederaufrichtung des Reiches erweckt hat, nur heftiger und glühender wird, dass rechts und links, und wohin wir blicken, ein wilder Ingrimm gährt, der nur auf seine Stunde wartet, um gewaltsam loszubrechen. Blind und taub müsste man sein, sich in einem gedankenlosen Optimismus ohne Gleichen wiegen, wollte man das nicht sehen, sich nicht klar darüber werden, dass es sich für unsere Nachbarn alles um die eine Frage dreht: wie fangen wir es an, die Schöpfung von 1870—71 wieder los zu werden, den unbequemen Regulator zu vernichten, der uns seitdem genöthigt hat, in Bahnen zu wandeln, die nicht die unseren sind, wenn es auch die Bahnen eines Friedens sein mögen, die der Menschheit als solcher zu Gute kommt.

Soll dies eine Verurtheilung dessen bedeuten,

was die letzten fünfzehn Jahre gebracht? Nichts
weniger als das. Der Versuch musste gemacht
werden, die europäische Politik auf eine andere
Grundlage zu stellen, als die der rohen Gewalt, das
war sich das neue Deutschland schuldig. Dieser
Versuch muss sogar fortgesetzt werden, so lange es
irgend geht, und ohne Zweifel wird er es auch.
Allein sein äusserer Erfolg wird uns über den inneren
fernerhin nicht täuschen dürfen. Wir müssen uns
sagen, dass der thatsächliche Friedenszustand, der
uns hoffentlich noch lange erhalten bleibt, mit dem
freiwilligen, auf welchen die Politik des Fürsten
Bismarck abzielt, nicht verwechselt werden darf;
wenn wir uns das aber sagen, dann werden wir auch
zu der Schlussfolgerung gelangen, dass wir im Interesse dieses Friedens durchaus keinen Grund haben,
den Drohungen derer, die ihn nur gezwungen halten,
mit einer Zuvorkommenheit zu begegnen, die sie
durchweg nur für Schwäche ansehen und als solche
zu missachten gewohnt sind. Engländer und Franzosen sind Jahrhunderte lang mit ihrem Uebermaass
von Selbstbewusstsein weit besser gefahren, als wir
mit dem Gegentheil. Für das Uebermaass treten
wir nicht ein, das rechte Maass aber werden wir
uns allerdings angewöhnen müssen, wenn wir endlich
einmal das Ansehen geniessen sollen, das uns nach

Maassgabe unsrer Macht wie unserer Bedeutung für die Kultur der Welt gebührt."

Den hier ausgesprochenen Anschauungen entsprach auch eine noch in den letzten Tagen gethane Aeusserung der „Neuen Pr. Ztg.".

Die „National-Ztg." sprach sich jüngst entrüstet darüber aus, dass die Deutschen, 19 Jahre nach Begründung des Reiches, so behandelt werden dürfen, als es Dr. Peters von Seiten des englischen Admirals Freemantle vor Sansibar geschehen zu sein scheint. Die „Kreuzzeitung" stimmte ihr darin zu, konnte sich aber über den Vorgang selbst nicht wundern, wenn nationalliberale Organe ihrerseits „Nationalgefühl" genug bekundeten, um unterdrückte Stammesgenossen nicht nur gleichgiltig im Stich zu lassen, sondern sie ihren Unterdrückern sogar zu denunziren, um sich den Lakaienlohn zu holen, nach dem ihre Seele dürstet. Einer derartigen „Gesinnung" könne die Anerkennung nicht vorenthalten bleiben. Admiral Freemantle habe sie dem Dr. Peters in seiner Weise zu Theil werden lassen. „Es hat eben alles seine Ursache". — „Was in Europa fehlt, kann in Afrika nicht zur Geltung kommen. Daher die vielen Demüthigungen, die wir seit einiger Zeit in allen Theilen der Welt erfahren. Der Nimbus unserer kriegerischen und erfreulichen Erfolge beginnt, dem Gesetze alles Zeitlichen gehorchend, nach und nach zu verblassen.

und da keine feste nationale Gesinnung da ist, um
das Gewonnene zu schützen, so besinnt sich die Welt
wieder darauf, wie die Deutschen vor den grossen
Jahren von 1864—1871 gewesen und meint, dass
man sich mit ihnen vielleicht doch mehr erlauben dürfe,
als in den ersten Jahren nach Sedan rathsam schien."
Dieser Angriff gegen die politische Leitung des
Reichskanzlers ist allerdings, wie die „Nat.-Ztg."
bemerkte, wohl deutlich genug. Der Staatsmann,
welcher das Deutsche Reich gegründet hat, wird von der
„Neuen Preuss. Ztg." gewogen und zu leicht befunden.
Dem Sturm, den der Aeolus der „Nordd. Allg.
Ztg." während der Nordfahrt des Kaisers angefacht,
ist eine gewisse Ruhe gefolgt. Es wird bestritten,
dass eine entschiedene Gegnerschaft in der Frage,
ob Krieg, ob Frieden, zwischen dem Fürsten Bismarck und dem Grafen Waldersee bestehe. „Ausser
Zeitungsartikeln, die sehr füglich eine andere Deutung
zulassen und diese auch in unterrichteten Kreisen
finden, wird nicht das mindeste Beweismaterial zur
Unterstützung dieser Behauptung beigebracht. Graf
Waldersee seinerseits legt dem Vernehmen nach den
grössten Werth darauf, jeden Zweifel darüber auszuschliessen, dass er für seine Person den Clausewitz'schen Standpunkt über den Krieg durchaus theilt
und die Berathschlagung mit dem Kaiser über Krieg
oder Frieden für die ausschliessliche Aufgabe des

Fürsten Bismarck betrachtet. Nicht minder darauf.
dass man weiss, er stehe in keinerlei ursächlichen
Verbindung mit der Kriegstreiberei der „Kreuzzeitung"
und überhaupt in keinerlei Beziehungen zu diesem
Blatte." Es hiesse, so wird ferner gesagt, der
„Kreuzzeitung" zu viel Ehre anthun, …sie im Ernste
als das Sprachrohr eines Mannes von der Bedeutung
und Verantwortlichkeit des Grafen Waldersee anzu-
sehen. Sie drapirt sich natürlich gern mit der Bedeutung, welche ihr die freisinnige Partei aus Feindschaft gegen den Fürsten Bismarck andichtet. In
Wahrheit aber sind ihre militärischen Hintermänner in
äusserst wenig verantwortlichen Stellungen zu suchen."

Immerhin bleibt als Thatsache die immer von
neuem nothwendig werdende Abwehr des Fürsten
Bismarck gegenüber militärischen Autoritäten, die
ihn in eine andere Bahn drängen möchten, oder auf
mehr als das ausgehen, bestehen. Die Friedenspolitik
des Einen und die Kriegstheorie der Anderen stehen
sich zu schroff gegenüber, als dass es sich nicht um
einen Gegensatz handeln sollte, bei dem die Existenz
des einen oder des anderen Theiles auf dem Spiele
steht. So erklärt sich der nach dem Nordkap gerichtete Warnungsruf der „Nordd. Allg. Ztg.".
Das plötzliche Einlenken derselben bedeutet eine
neue Waffenruhe. Um solche militärische Hintermänner der „Neuen Preuss. Ztg." aber, die „in

äusserst wenig verantwortlichen Stellungen zu suchen
sind", hätte sich die „Nordd. Allg. Ztg." wahrlich
nicht in Unkosten gesetzt. Auch sind es gewiss
andere Leute als diese, die Fürst Bismarck seit
Jahren als die Widersacher seiner Friedensliebe un-
ablässig dem deutschen Volke mit den Fingern zeigt.
Wie dieselben im Uebrigen seine Politik bekämpfen,
ersieht man aus dem „Militär-Wochenblatt", das sich
u. A. auch sehr despektirlich über die Mittelparteien
äussert und die Offiziere vor der Annäherung an
diese warnt. „Ganz Deutschland", so hiess es kürzlich
dort, „leidet und seufzt unter dem Drucke dieses Alps,
welcher die lauwarmen Mittelparteien und die popu-
lären Schwätzer erzeugt." Es ist entgegnet worden:
„Das Militär-Wochenblatt ist ein offiziöses Organ,
wie kommt dasselbe dazu, gegen die Mittelparteien in
der angegebenen Weise loszuziehen? Es ist unerhört,
dass sich ein amtliches Blatt herausnimmt, diejenigen
Parteien zu schmähen, welche in voller Ueberzeugung,
damit auf dem rechten Wege zu sein, der Regierung
bisher treu zur Seite gestanden haben. Für die Aus-
lassungen des „Militär-Wochenblattes" wird man
natürlich nicht die berufene Leitung unserer Politik
verantwortlich machen dürfen, denn an dieser Stelle
ist doch zu viel Weisheit vorhanden, als dass man
ihr zutrauen dürfte, den Ast abzusägen, auf dem sie
selbst sitzt. Dagegen darf man aus dem Artikel des

Militär-Wochenblattes schliessen, dass die Nebenströmungen, von denen in letzter Zeit so vielfach die Rede gewesen ist, wirklich existiren, und zwar unter den hohen militärischen Kreisen, unter deren Aegide das Blatt erscheint."

Im „Frankfurter Journal", das von dem Herausgeber der „Berl. Pol. Nachr." seine politische Weisheit zu beziehen pflegt, fand sich kürzlich eine Bemerkung, welche auf den endlichen Austrag der immer wieder vermittelten Gegensätze, welche die Kanzlerpolitik zu überwinden habe, hindeutete, und mit Bezug auf die Anwesenheit des Fürsten Bismarck in Berlin im Monat August sagte:

„Es besteht das Bedürfniss, gewisse innere Missverhältnisse endlich zu klären. Es sprechen verschiedene Anzeichen dafür, dass dieser August an Bedeutung seine Vorgänger seit 1870 insgesammt überragen wird."

In der That soll während des Besuches des Kaisers Franz Joseph in Berlin der Conflict zwischen dem Reichskanzler und dem Chef des Generalstabs durch eine kurze und schnelle Verständigung aus der Welt geschafft worden sein, soweit in dieselben ein persönliches Moment hineingetragen worden war. Jedes Missverständniss in dieser Beziehung ist beseitigt, der sachliche Gegensatz hat damit nichts zu thun. Eine Richtung Waldersee-Stöcker hat ihre Berechtigung im Staatsleben, wie jede conservative Nuance, aber sie und der leitende Staatsmann schliessen sich aus, und Kaiser Wilhelm II. hat keinen Augenblick in dem rückhaltslosen Vertrauen, das er diesem entgegenbringt, geschwankt. Die Geschichte seiner Regierungszeit ist eine Geschichte der Auszeichnungen und der Vertrauensbeweise, die Fürst Bismarck erfahren hat. Freilich giebt es Sceptiker bei uns, für die es erforderlich wäre, dass an jedem Tage derartige Kundgebungen erfolgten. Dass am 31. Dezember 1888 Kaiser Wilhelm seine Politik abermals mit ernstem Nachdruck festlegte, als er die Bitte zu Gott aussprach, „noch lange mit dem Kanzler vereint für die Grösse und Wohlfahrt des Vaterlandes wirken zu können", hat man bald wieder vergessen. Die Brochüren des Grafen Douglas, Rössler, Kremer, allerlei Enthüllungen in den Zeitungen waren nöthig, um gewissen Elementen, die sich in der Richtung gegen den Reichskanzler bewegten, ein qui vive zuzurufen. Von Pfeilen, die nach einem höheren Punkte fliegen sollten, konnte dabei nicht die Rede sein. In jenen Kampf hat die „Nordd. Allg. Ztg." mit Betrachtungen eingegriffen, die das Wort „Friction" nicht aussprachen, aber sie voraussetzten und Fürst Bismark hat selber mitgesprochen, als er in seinem Schreiben nach Marburg das Evangelium der Duldung predigte.

Ein zweifacher Wechsel auf dem Throne hat

keine Erschütterung der Stellung unseres leitenden Staatsmannes mit sich geführt, wie das innere und äussere Feinde erwarteten. Gleich nach dem Sedantage vom vorigen Jahre wurde das Tagebuch des Kronprinzen von unberufener Hand veröffentlicht, eine Publikation, die sich gegen den Reichskanzler richtete und nachzuweisen bestimmt war, dass die deutsche Nation Kaiser und Reich weniger durch, als trotz Bismarck erreichte. Sie hat ihren Zweck gänzlich verfehlt. Das Tagebuch lehrt uns, dass dem ungestümen Vorwärtsdrängen gegenüber Bismarck eine grosse Ruhe bewahrte, die nur um so sicherer zum Ziele führte. Gewiss wäre 1870 im unitarischen Sinne mehr zu erzielen gewesen, allein die Schonung der Sonderinteressen der Einzelstaaten war die sichere Brücke, auf welcher Deutschland aus der Zerrissenheit zum festgefügten, untrennbar verbundenen Reiche gelangte. War die Veröffentlichung des Tagebuches ein Schachzug gegen den Kanzler, so war derselbe unglücklich gewählt. Und so sind alle gegen ihn geführten Streiche, mochten sie sein geschichtliches Verdienst, sein Ansehen oder seine Stellung treffen, wirkungslos geblieben, keine Friktion hat ihn erschüttert. So findet sich denn die Frucht des Sedantages — von ihm datirt sich die Entstehung des Reiches — nach wie vor gut bewahrt in den Händen dessen, der sie zur Reife gebracht hat, und von Kaiser Wilhelm II. haben wir das Wort, dass sie darin bewahrt bleibt. Beide, der Monarch und sein erster Rathgeber, arbeiten insbesondere an der Fortsetzung und Bekräftigung der Friedenspolitik. Bei der Eröffnung des Reichstages am 22. November sprach Kaiser Wilhelm II.: „Die Leiden eines Krieges, und selbst eines siegreichen, ohne Noth über Deutschland zu verhängen, würde Ich mit Meinem christlichen Glauben und mit Meinen Pflichten, die Ich als Kaiser gegen das deutsche Volk übernommen habe, nicht verträglich finden". In diesem Geiste hat Kaiser Wilhelm bisher die auswärtige Politik gelenkt, fern jeder abenteuerlichen Neigung zum Losschlagen gegen Feinde, die unsere Friedensliebe benutzen, um sich von Jahr zu Jahr stärker zu machen und uns zu überflügeln. Aus den vielfachen Auszeichnungen, deren Gegenstand auch der älteste Sohn des Reichskanzlers seitens des Monarchen ist, lässt sich nicht blos ein Rückschluss auf die Beziehungen zwischen Kaiser und Kanzler machen, sondern auch die Gewissheit entnehmen, dass, wenn Gottes Allmacht nach hoffentlich langen Jahren dem irdischen Wirken des leitenden Staatsmannes ein Ziel setzt, auch die Richtung der Nachfolge gesichert ist.